書ける人だけが手にするもの

齋藤 孝

SB新書
568

はじめに

「書きたいけれど、何を書いたらいいかわからない」
「書き始めても、うまく文章がまとまらない」
「一生懸命書いても、誰にも読んでもらえない」

書くことについて、このような悩みを抱えている人は多いことでしょう。

きっとSNSでひと言、ふた言、発信することならできるのだと思います。しかし、まとまった量の文章を書くとなるとお手上げ……そうではありませんか？

では、そもそもなぜ、「書く」のが難しいのでしょう。

それは、「人のため」に書いているからです。

書くからには「おもしろいことを書きたい」「自分の考えを知ってもらいたい」「思いが伝わる文章を書きたい」……というのは「文章を読んでくれる誰かのため」に書いている状態です。辛くなって当然ですね。

しかし本来、書くことは、他でもない「自分のため」にすることです。ほんの1行でもよいから、何か頭に浮かんだことを書いてみる。すると、次第に自分の感情や思考の輪郭がはっきりしてきます。

そうなると、また1行、書きたくなる。また少し輪郭がはっきりする。また1行書いてみる。また少し輪郭がはっきりする。このようにくり返していけば、いつの間にかまとまった量の文章を書けている。どんな人でも、長い文章が書けるようになれるのです。

ここで、「え、まず何を書くか考えてから、書くんじゃないの?」と驚いた人もいるでしょう。

そんな思い込みが、長い文章を書くことに対する苦手意識の源ともいえます。実はまったく逆です。考えてから書くのではなく、書きながら考えればいいのです。

人間は高度に知性が発達した動物ですから、絶えず思考や感情が頭の中で渦巻いています。いろいろなものが浮かんでは消えていく。特に何もしなければ、私たちは自分が今、何を考えているか、どのような気持ちでいるかに対してほぼ無自覚です。

それを、書き言葉として目に見える形にすることで、「自分は、どんな考えを持っているか？」「今、自分はどんな気持ちか？」、つまり「私とはどんな人間なのか？」ということを客観視することができるのです。

そういう意味で文章とは、曖昧模糊とした自分の内面をくっきりと照らし出すランタンのようなものといえます。

自分がどんな人間かを深く理解することで、自分らしく生きることができます。「書ける人」は、自分らしく充実した人生を手にすることができるのです。

この本が、みなさんにとってより豊かな人生を送るきっかけとなれたら、著者として望外の喜びです。

2021年12月吉日

齋藤 孝

『書ける人だけが手にするもの』
もくじ

第1章

文章の書き方には「型」がある

フックをつければ、すらすら書ける

第2章

文章は準備が9割

文章力超入門

第3章

迷わず書ける処方箋

思いを言葉にする力

【ルール3】使わなかった文章は取っておく

第4章

「読む」ことで「書ける人」に生まれ変わる

書く力で人生は変わる

序章

話すように書けば、原稿用紙10枚書ける

まとまった量の文章を書くのはなぜ、難しいのか

「書くネタ」は思い浮かばなくていい

「思考」と「表現」はひとつなぎ

文章を書くことには、どのようなイメージがあるでしょうか。

時間がかかりそう、骨が折れそう、難しそう……宿題で読書感想文のマス目を必死で埋めたことなどを思い出し、苦労した記憶が蘇ってくる人も多いかもしれません。

たしかに、文章を書くのは、誰にとってもそれ相応の労力を要するものです。ある程度まとまった文字数を書こうとすれば、それなりに時間もかかりますし、エネルギーも使います。必ずしもスラスラと進むことばかりでもないでしょう。

それでも、文章を書くことには、その行為自体に価値があります。

かけた労力を大きく上回るようなリターンがあるのが、文章を書くということなのです。

私は大学で教鞭をとっていますが、クラスの学生たちには長年、「エッセイを書く」という課題をやってもらっています。毎週一回、エッセイを書いてもらい、決まった曜日に提出してもらうのです。

学生たちは、提出の曜日が近づくたびに、そわそわと落ち着かなくなるそうです。でも、提出した後は一転、「書いてよかったです」と口をそろえます。「書くことで考えがはっきりしました」と、表情まで晴れやかになるのです。

私は、ここに「文章を書く」ことの本質があるのではないかと思っています。つまり、「書くことで自分の考えがはっきりする」というのが、文章を書くことの最大のリターンではないかと思うのです。

ここまで読んで、「あれ?」と思った人もいるかもしれません。「書くことで考えがはっきりする」というのは順番が違うのではないか、「頭で考えたことがまずあって、それを文章にまとめるのではないですか」と。

でも、本書でお伝えするのは、基本的には「考えながら書く」「書きながら考える」というやり方です。いってみれば、パソコンのキーボードで自分の考えを打ちこみながら、打ちこむ手を止めずに考えるといったようなことなのです。

そもそも、「考えること」と「書くこと」とは、その2つの間に線を引いて、きっちりと分けられるようなものではありません。

書くこともまた、思考の一部といえるからです。

たとえば、ある映画を観て、ものすごく心を動かされたとしましょう。

でも、この状況をただ「感動した」と表現するのでは、文章にはなりません。

映画への感動を文章にしようとすれば、まずはその感動の正体が何なのか、次のように自分に問いかけながら探っていく必要があるでしょう。

- いったい、その映画の何が琴線に触れたのか？
- どの場面のどのセリフに深い感慨を覚えたのか？
- それはいったい、なぜなのか？
- 主人公の姿に自分を重ね合わせたからなのか？
- 今まで考えたこともなかったことに気づかされたからなのか？
- あるいは、そこに普遍的な真理のようなものを見出したからなのか？

こうして自分自身と対話するプロセスにおいては、言葉そのものが思考や感情を明らかにしていくガイド役になります。

「考えること」と「書き言葉で表現すること」を切り離すことができないとは、つまりこういうことなのです。

書くことで、深く自分を知ることができる

自分の内面にはさまざまな思考や感情がつまっていますが、そこは暗闇に閉ざされていると想像してみてください。

そして、書き言葉というのは、その暗闇を照らすランタンのようなものなのです。ランタンを片手に一歩進んだら、ひとつ発見があった。また一歩進んだら道が二手に分かれていた。次に右に進んだらちょっと違うような気がしたので、いったん戻った。今度は左に進んでみたら発見があった。

このように一つひとつ言葉を見つけ、「ああでもない、こうでもない」「そうか、こういうことか！」という試行錯誤をくり返す中で、自分の内面がどんどん明らかになっていきます。思考や感情が文章というかたちになり、くっきりと現れてくるのです。

自分が何を考えているのか、何を感じているのか、おそらく最初から完全に把握している人などひとりもいません。

かといって、頭の中で考えているばかりでは、考えがぼやけてしまったり、堂々めぐりになったりして、思考を深めていくことは難しいでしょう。

文章を書くというのは、自分の内側にあるものを文章という目に見えるかたちにアウトプットするというプロセスです。

このプロセスそのものが、実は思考を深める行為でもあるのです。

「話すこと」と「書くこと」を近づけてみよう

「文字にする」とはどういうことか

考えながら書く、書きながら考える——こう聞くと、2つのことを同時に行うなんて、難しそうというイメージをもつ人もいるかもしれません。

でも、この「思考と表現を同時に行う」ということは、みなさんが日常でよく行っていることなのです。

そうです。「話す」という行為です。

仲のいい友達と食事などしながら会話を楽しむときに、話題をあらかじめ文章にまとめて原稿をつくっておくようなことはしないでしょう。その場で言葉を探し、組み立てながら、やりとりをするはずです。

「考えながら書く」というのも、このプロセスによく似ています。言葉を探しながら、その言葉を同時進行で文字に書きとめていくということなのです。

つまり、考えながら書くというのは、簡単にいえば「話すように書く」ようなものともいえるでしょう。

「書く」と「話す」はまったく別の能力と思われがちですが、実はひとつながりの能力です。人に「話す」ことができれば、ほぼ「書く」ことができるのです。

「書く」というと思わず肩肘張ってしまうという人も、まずは「話すように書いてみよう」と構えてみると、フッと肩の力が抜けるのではないでしょうか。

とはいえ、やはり「書く」ことには、「話す」ことにはない特徴があるのも事実です。

試しに、「誰かに話したい！」と思ったことを、その勢いのまま話すように書いてみたとします。そして、翌日などにそれを読み返してみると、「興奮して書いたわりには何も伝わってこないな、おかしいな」と感じるはずです。

この違和感の正体こそが、「書く」と「話す」の違いでもあります。

たとえば、「やばい」という言葉は、今は肯定的な意味でも否定的な意味でも使われています。「とても悪い状態」と「とてもいい状態」の両極を意味するのです。

この「やばい」という言葉が、会話中など話し言葉として出てくる場合は、二度や三度使われたところで、さほど問題になることはありません。

ところが、これが書き言葉になると問題になります。

話し言葉では「やばい」といえば伝わることが、書き言葉では言葉を言い換えたり、詳しく説明したりしないと、伝えたいことが伝わらないという事態が起こるのです。

このことこそ、話すことをそのまま書き起こしたときの違和感の正体です。

語彙の豊かさは、人間的な豊かさ

話し言葉では、表情や声色、身振り手振りなどがプラスアルファの表現として加わりますが、書き言葉には、こうした要素がありません。言葉のみで表現する必要があります。

ですから、話し言葉をそのまま文字に起こしたものを読むと、的確な言葉が使われていなかったり、説明が足りなかったりして、結果として内容がきちんと伝わってこないという印象になるわけです。

事実、書き言葉の語彙数は、話し言葉の語彙数をはるかにしのぎます。

国語辞典に掲載されている何万という言葉のうち、「この言葉は話しているときにも普通に使うな」と思うものは非常に少ないはずです。おそらく500語、多くても1000語ほどで事足りてしまう。ひとつの会話の中だけでいえば、せいぜい20語くらいでしょう。


となると、さまざまな言葉を駆使し、表現を工夫しなければいけない書き言葉は、少しの言葉ですむ話し言葉よりも不便なものに思えるかもしれません。

でも、本当にそうでしょうか。


書くという行為には、たしかに一定の労力が必要です。

「言葉のランタン」を使って自分の思考や感情を明らかにしていくのは、ワクワクする反面、疲れることでもあります。

ただ、この労力を払うことで思考力は確実に磨かれます。

シンプルにいえば「頭がよくなる」のです。

「やばかった！」が「素晴らしかった！」に変わる瞬間

日常的に「書く」ということをしていると、実は普段の話し言葉も磨かれていきます。

話し言葉と書き言葉とでは、語彙の数が違うとお話ししましたが、文章を書くということが常態化してくると、次第に、書くときに使っている言葉が話しているときにも口をついて出るようになるのです。

たとえばスポーツ観戦で、ファインプレーを目撃したとしましょう。

「あのプレーは、やばかった！」

「あのプレーは、素晴らしかった！」

前者は話し言葉にしか使えませんが、後者は、話し言葉としても書き言葉としても通用します。

つまり、「書く」ことを通じて語彙力が磨かれると、書き言葉と話し言葉の距離が近くなっていき、「話すように書く」ことが、徐々に「書くように話す」こととイコールになっていくのです。

以前は「すごく驚いたこと」を「まじでびっくりした！　やばかった」と言っていたのが、「驚愕した」「驚きのあまり開いた口が塞がらなかった」といった表現に置き換わる。

「とても美味しいこと」を「めっちゃうまい！　やばい」と言っていたのが、「この味は絶品だ」「格別な味だ」といった表現に置き換わる。

こうした表現が自然に口から飛び出すようになるでしょう。

書くときでも話すときでも、思考や感情を言葉で豊かに表現できる人は、自分自身を深く理解している人ともいえます。そして、その深い理解をもとに、的確に表現することができれば、より深く人ともつながれるようになるでしょう。

言葉が磨かれることで、自分という人間も、自分が生きる人生も豊かになるという循環が起こるのです。

「話すように書く」3つのステップ

「読む」→「話す」→「書く」で文章の基礎体力がつく

これまでお話ししてきたように、文章を書く基礎体力をつけるためには、「話すこと」と「書くこと」の距離を縮めていくことが鍵となります。そこで、ここでは「話すように書く」ことを目的とした簡単なトレーニングをご紹介しましょう。

このトレーニングでは、「読む」→「話す」→「書く」という3つのステップを踏みます。

すると、単なる話し言葉ではなく、的確な表現を用いながら豊かに「話すように書く」ことができるようになっていきます。

まだ、まとまった文章を書くことに慣れていない人、あまり意識的に「書く」ということをしたことがない人は、ぜひここからスタートしてください。

ステップ1▼好きな本を読み、キーワードをピックアップする

何でもいいので、好きな本を一冊読みます。

ごく短い本でもかまいませんし、好きな作家のエッセイの一編や、コラムなどの文章でもいいでしょう。

読みながら、感心したところや興味を抱いたところなど、「これは誰かと共有したいな」と思った箇所のキーワードをピックアップします。

ステップ2▼読んだ感想を人に話す

ステップ1で読んだ文章の感想を、その文章を相手におすすめするつもりで身近な人に話します。

ここで大切なのは、先ほどピックアップしたキーワードを入れて話すということです。

すると、普段はあまり使わない言葉や言い回しなども使って話すことになるでしょう。

つまり、「書き言葉」を織り交ぜながら話すことになるのです。

これは、言い換えれば、もとの文章を書いた人の「認識力」や、それを的確に表現し

た「語彙力」といった力を借りて話すということです。ですから、いつもの話し言葉とは違う「書き言葉の残り香のある話し方」になるのです。

このように「書かれたものについて話す」ことが、まずは「書くように話す」トレーニングとして機能します。

話している自分自身、きっと「あれ？　いつものおしゃべりとは違う感じがする」「ちょっと賢い人になったような気がする」と感じるに違いありません。

ステップ3▼話した内容をもとに書いてみる

何かを読んで感心したり興味をもったりしたことを身近な人に話す。

ここまでのステップは、友達に本やマンガをすすめるときなど、実は普段の雑談の中で実践している人もいるかもしれません。

ただし、これらを「書く力」に結びつけるには、この3つめのステップが欠かせません。

何かを読み、人に話したら、最後は話した内容をもとに文章を書いてみます。

すると、いったん人に話すことで、伝えたいポイントがしっかりと整理されているので、非常に読みやすい「話し言葉のようなやわらかい文章」が書けるのです。

「書かれたもの」をテーマに書くと上達する

これら3つのステップで書くというのは、実は、学生時代の私が毎日のようにしていたことです。本を読んで心に響いた箇所があったら、大学の食堂や喫茶店で友達に話す。それだけでは飽きたらず、帰宅してから文章にもまとめていました。

一度、人に話すというかたちでアウトプットすると、書くというかたちでもアウトプットしやすいというのは、私のこれまでの実体験からも明らかです。

そして、このトレーニングでは、「見聞きしたこと」ではなく、「読んだもの」について書いてみるのも重要なポイントです。

というのも、書く能力を身につける一番の近道は、「言葉で書かれたものについて、言葉で書く」ことだからです。

書かれたものについて書くというのは、たとえていえば「お好み焼きの材料を使って、タコ焼きを作る」といったやり方なのです。

主材料は同じ小麦粉と水。そこに、お好み焼きならばキャベツや豚肉を加えるところ、かわりにタコを加える。こうしてタコ焼きを作るように、もとの文章を構成している言葉をもとに組み立てれば、それなりの文章が完成してしまうのです。

一方、言葉以外の表現である音楽や絵画について語ろうとすると、自分で一から言葉を組み立てる必要があります。これは、書かれたものについて書くことよりもずっと難易度が高いのです。

もちろん、書くことにすでに慣れている人や、書くトレーニングを重ねて書く力が身につけば、その対象が音楽や絵画であっても文章を書くことができるでしょう。

しかし書くことに慣れていないうちは、同じ書き言葉がもとになっている作品について書くほうが格段に楽であり、一番の訓練になるのです。

巨人の肩に乗れば、自分の背丈では見えない景色が見えます。ぜひ、書くことのプロである作家や評論家の肩に乗せてもらったつもりで、その認識力と語彙力の助けを借りながら文章を書いてみてください。

第1章

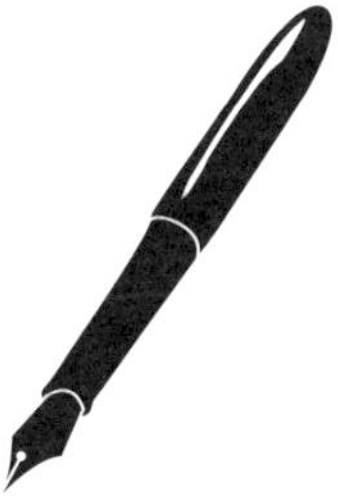

文章の書き方には「型」がある

フックをつければ、すらすら書ける

書けるかどうかは、「フック」が9割

「いい文章」の共通点

文章を書く動機は、ひとつではありません。

「考えたこと、感じたことを人に伝えて分かち合いたい」という思いが動機になることもあれば、「自分の存在を人に認めてほしい」という一種の承認欲求のようなものを動機として書くことに臨む人もいるでしょう。

はたまた、特に誰かに読まれることは意識せず、「自分の思考や感情を整理したい」という動機をもって文章を書く人もいるはずです。

「人に伝えたい」「認められたい」「自分を知りたい」

このような思いはすべて、文章を書くための前向きなエネルギーとして働くものです。

とはいえ、いくら書きたい気持ちがあっても、その勢いだけで「いい文章」が書けるかといえば、もちろんそういうわけではありません。

いい文章というのは、いってみれば、美味しい料理のようなものです。

料理を美味しく作りたいと思えば、さまざまに工夫して食材に手を加える必要があるように、文章を磨きたいなら、書き方に工夫をすることが欠かせません。

書くことで人の心を動かしたり、自分の頭の中をすっきりと晴れやかにしたりしたいなら、やはりそれ相応のコツを身につける必要があるのです。

どのように工夫すればいいのか——この章では、いい文章を書くためのコツについて紹介していきますが、そのすべてに共通することがひとつあります。

それは、いい文章には必ず「フック」があるということです。

「読み飛ばせない引っかかり」をつけよう

ここでいう文章のフックとは「素通りすることができない引っかかり」のことです。

大きく3種類に分けて説明しましょう。

ひとつめは、「読む人の関心を引っかけるフック」です。

みなさんは、書店をブラブラしているときに、ふと気になる本を見つけて足を止めるということがありませんか。タイトルやキャッチコピーの文言に目がとまり、思わず手にとってしまう。このときの感覚こそが、このひとつめのフックです。

私自身、自分の本を書く際には、まず「本書のフックは何だろう」と考えます。せっかく本を世に送り出すなら、より多くの人に読んでもらいたい。それこそ「『ピーター・パン』に登場するフック船長の鉤型《かぎ》の手」のように、読者の心が引っかかるような仕掛けをしなければ、本を手にとってもらえません。

ですから、担当編集者とは、本のテーマだけでなく「何をフックとすべきか」についても綿密に話し合います。それが明確になったところで執筆がスタートするというわけです。

2つめは、「文章の構成上のフック」です。

その日あったこと、考えたことなどを、ただ順を追って書いた文章は、単なる記録文で終わってしまいます。もちろん、記録文にはそれなりの役割がありますが、とりとめもなく書かれた文章は、往々にしてテーマも結論も伝わりづらいものになりがちです。

これでは、文章を書くことで他者に何か伝えたり、自分の内面を明らかにしたりすることは難しいでしょう。本書で「書く」ことの目的としているもの――他者とより深くつながると同時に、自分という人間を再発見する力を身につけることにはならないのです。

書くことを通じて、こうした力を身につけるには、きちんと構成された文章を書けるようになる必要があります。そこで効力を発揮するのが、この2つめのフックなのです。

構成上のフックは、文章の内容をつなぐ鎹《かすがい》です。ひとつのフックに引っかかるものを集めてきてつなげることで、内容に一本筋が通り、主張が伝わりやすい文章になるというわけです。

そして3つめのフックは、「自分の心を引っかけるフック」です。

これは、言い換えれば「なぜ、それについて書きたいと思ったのか」ということです。この3つめのフックは、実は、文章を書く上でもっとも本質的なフックといえます。

文章を書こうというとき、たいていは、「なんだか、これについて考えようとするとモヤモヤする」「モヤモヤするから考えてみたい」というところから始まります。

そして、そのモヤモヤの正体を言語化していくというのが文章を書くというプロセスであり、晴れてそのモヤモヤが解消したときには、まさに雲が晴れたかのように頭の中がすっきりします。これは、自分という人間の内面が、またひとつ、くっきりとした輪郭をもって発見できたという快感でもあります。

「これについて書きたい」と思ったのは、その対象の何かに、自分の心が引っかかったからにほかなりません。

はたしてそれは何なのか。この正体を突き止めること、つまり自分にとって「素通りすることができない引っかかり」が何なのかを明らかにすることが、書くことの出発点であり到達点でもあるといっていいでしょう。

文章を書くときには、これらの「フック」を軸に考えを巡らせてみると、文章を通して深めるべきポイントがはっきりと見えてきます。書くための軸が決まれば、文章を書くことは格段に進めやすくなるのです。

そして、伝えたいポイントや構成のポイントが明確な文章というのは、一種の「型」として見ていくこともできます。一見ランダムにつづられているようなエッセイなどの文章であっても、フックに注目しながら文章をひも解いてみると、その全体像を明確に把握することができるからです。

それではこれから、具体的な「フック」と「文章の型」を手がかりとして、いい文章を書くための方法を探っていきましょう。

「？」で始まり、「！」で終える文章術

「自分なりの問い」を立ててみよう

どのようなフックを設定し、そのフックで何を引っかけていくのか。最初に紹介したいのは、その形状からしてフックになっている「？」です。つまり、自分なりの「問いを立てる」ということです。

「なぜ？」「どのように？」といったハテナマークがいったん頭の中に浮かべば、誰でもその答えを探したくなるでしょう。

最初に問いを立てれば、それがフックとなって、さまざまな思考や情報を引っかけはじめます。こうして文章の材料が揃い、構成の見通しが立っていくわけです。

この問いのフックは、「読者の関心を引っかけるフック」としても機能します。「読者の関心を引く」というと、ついテーマの斬新さや表現のオリジナリティなどを

求めがちかもしれませんが、この「問い」のフックは、そのような突飛なアイデアを必要としないのもいいところです。

シンプルでありながら効果的、幅広く応用がきくフックだといえるでしょう。

この「問い」のフックは、「なぜ○○は△△なのか、あなたは考えたことがありますか？」というように文章の冒頭で問いかけると、よりその効果を発揮します。

読み手が最初に目にするのは、当然ながら文章の1行目です。そこで読者の心のひだに引っかけることができれば、その先も読んでもらえる確率は高くなります。

「なぜ○○は△△なのか？」と問われたら、読んでいる人も「たしかに、なんでだろう？」と思います。その答えが気になるあまり、読者は先を急ぎたくなるというわけです。

「問い」のフックで、「答え」を引っかける

さて「問い」から始めたからには、やはり「答え」に辿りつかなければ、文章はまとまりません。スタートが「？」とくれば、もう想像がついているでしょうか。

そうです。「！」をゴールにするのです。

書き手である自分が「そうだったのか！」と驚くようなことを結論として導いてくることができれば、その「！」は同時に読み手の驚きにもなってくれるでしょう。「？」のフックで、最終的には「！」を引っかけてくれれば、実に歯切れがよく、読みごたえのある文章になるのです。

たとえばテレビのバラエティ番組は、CM前には決まって疑問形で終わります。「突然現れた巨大な物体、はたしてその正体とは……？　答えは30秒後！」などというナレーションが流れたら、つい気になってCMが終わるのを待ったということがあるでしょう。それまではたいして注意を払って見ていなかったのに、「！」を期待して画面に釘づけになってしまうのです。

CMの間に視聴者がチャンネルを変えないようにする、ごく単純な仕掛けですが、人間心理を見事についた戦略なのです。

こうした例は、テレビにはたくさんあります。視聴者をどれだけ番組に惹きつけておけるかで勝負しているテレビは、「？」と「！」の構成のいいお手本といっていいでしょう。

疑問文でタイトルをつけてみる

ちなみに、最初に立てた問いは、文章の表題として使うこともおすすめです。問いの文言をそのまま、文章のタイトルとしてつけてみるのです。

内村鑑三による『余はいかにしてキリスト信徒となりしか』（岩波文庫）というタイトルの著作は、有名です。

書籍や雑誌記事などのタイトルでも、「なぜ○○は△△なのか？」式のものを多く見かけます。言葉のプロたちが練りに練った末に、こうしたタイトルをつけているのは、「問い」が人の興味関心を引き、好奇心を刺激しやすいからにほかなりません。

これは、私が実際に大学生に指導した経験からも実感しています。

あるとき、学生たちが書いた宿題のエッセイを読んでいたところ、内容に関しての工夫が見られるわりに、タイトルがおざなりだと感じたことが多かったのです。

これはもったいないと思った私は、学生たちに「疑問形のタイトルをつけること」を次の課題としてやってもらいました。

すると、エッセイは一転、本文に目を通す前から、思わず惹きつけられるような雰囲気をまとうようになったのです。

タイトルは、読む人が最初に目にするところです。タイトルを問いかけ式にするというやり方そのものが、読者の関心を引っかける優れたフックになるのです。

「？」で始まり、「！」で終わる

フック

問いを立てる

なぜ○○は△△なのか？

どうすれば○○はうまくいくのか？

そのまま
タイトルにも
なる！

文章の
1行目だと
効果的

↓

問いに対する答え、発見

だから、こうなっているんだ！

つまりはこういうことなんだ！

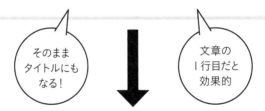

「？」があれば、思考も文章もどんどん進む

ある「問いかけ」から生まれたベストセラー

「問い」とは興味関心のスタートラインです。

ひとたび「問い」が立てば、そこから思考がどんどん広がります。そして「？」の形の通り、問いそのものが「フック」となって、身のまわりや世の中、知識の世界から文章の材料を引っかけてきてくれるのです。

かつてベストセラーになった『さおだけ屋はなぜ潰れないのか？　身近な疑問からはじめる会計学』（山田真哉著、光文社新書）という本があります。

「たけや〜、さおだけ〜♪」という、のんびりした歌声とともに日中の住宅街を流している、さおだけ屋の軽トラック。みなさんはご存じでしょうか。

この本は、そのタイトルの通り、著者が日常で感じている「素朴な問い」がスター

トラインになっています。

「さおだけ屋のトラックを見かけても、客がさおだけを買っているところを見たことがない。それなのに、なぜ潰れないのか？　どうやって商売が成り立っているのか？」

そんな疑問をもったことが、本書の出発点だったと著者は書いています。

一冊の本ですから、200ページほどのボリュームがあります。

ところが、著者が最初に立てた問いであり、タイトルにもなっている「さおだけ屋はなぜ潰れないのか？」について書かれているのは、実はそのうちのほんの1章程度です。

では、ほかに何が書かれているのかというと、「表向きの商品とは違うもので商売を成り立たせている」という、さおだけ屋と同じ仕組みで成立している別業種の事例なのです。


つまり、こういうことです。

最初の問いは、たしかに「さおだけ屋はなぜ潰れないのか？」でした。

その答えを追究したら、「表向きの商品とは違うもので商売を成り立たせている」というさおだけ屋の特殊なビジネスモデルが見えてきた。では、ほかにも同様のモデルで成立している業種はないだろうかと、さらに世の中を見渡してみた。

こうして、最初の「？」をフックとして引っかけてきた別業種の事例が、実に本書の大半を構成しているというわけです。

「さおだけ屋はなぜ潰れないのか？」という問いは、書き手と読み手の双方にとって強力な「フック」だったといえるでしょう。

書くネタを引っかけ、書き手の思考と文章を押し進めていくフックとしても、「そういえば、なぜだろう？」と読者の興味関心を引くフックとしても、「？」が非常にうまく機能した好例なのです。

その結果が、この本の大ヒットにつながったのでしょう。

すべてのものに「？」「！」が眠っている

さおだけ屋の軽トラックは、誰もが日常的に目にしてきたものだったはずです。

しかし、この本の著者が最初に抱いたような素朴な疑問をもった人は、それ以前にはいなかったのでしょう。もっといえば、誰もがうすうす不思議だとは思っていたけれど、じっくりと考えてみようとはしなかったというほうが正確なのかもしれません。

それだけ、この本の著者は目のつけどころがよかったということですが、「文章を書く」という視点でいえば、私たちがここから学ぶべきことがあります。

それは、一見、当たり前のように見えるものにも「?」と「!」が眠っているという事実です。

どんなに身近なことでも、まずは「?」を探そうとする目で物事を見つめることが、そのまま文章を書く力、そして読ませる力につながっていくのです。

「?」は驚くほど身近にある

「ひとつの言葉」について文章を書く

身近なものの中に「?」を見つけるためには、その問いがどんなに小さなものでも、どんなに素朴なものでも、見過ごさない目をもつということが肝心です。

たとえば「カタルシス」という言葉があります。それなりによく聞く言葉ですし、みなさんも会話の中などで使ってみたことがあるかもしれません。日本語として「浄化」という訳語が思い浮かぶ人もいるでしょう。

でも、この「カタルシス」が、そもそもどんな言葉なのか、きちんと説明できる人というのは、実はあまり多くないのではないでしょうか。

その起源について調べてみると、古代ギリシャの哲学者、アリストテレスが著書『詩学』の中で「カタルシス」という言葉を用いていたことにいきつきます。

アリストテレスは、悲劇論を論じる中で、カタルシスとは「悲劇が観客の心に怖れと憐れみを呼び起こし、感情を浄化する効果」であると書いています。

つまり、カタルシスというのは、「感情の浄化」のこと。心の中にドロドロと溜まっていた感情が解放され、気持ちがすっきりするということなのです。

たとえ「カタルシス＝浄化」という知識があったとしても、こうしたアリストテレスの記述までさかのぼってみると、より深い理解が可能になるのです。

なぜ世の中に悲しい物語が存在するのか、なぜ人はわざわざ悲しい物語に触れたがるのかといった人間の心の機微に迫ることや、そもそもアリストテレスの時代からそうした人間の心は変わっていないのだという真理に触れることもできるでしょう。


ここではごく簡単にまとめましたが、こうした言葉の起源や自分なりの考察を文章にしてみれば、２０００字ほどの分量にはなるはずです。

「カタルシスってよく言うけれど、そもそもどういう意味なのだろう？」という「？」に対して、「アリストテレスはこう言っていた！」「だから人は悲しい物語で涙を流すことに一種の快感を覚えるんだ！」という「！」を見つける。

これだけで、立派な文章が成立するのです。

「わかったつもり」だと書けない

どんなに小さなことでも、もし何かわからないと思うことがあったら「そういえばどういう意味だろう？　調べてみよう」と素直に思えること。わかったつもりにならない、知ったかぶりをしない素直な姿勢が、問いを立てるための鍵になります。

そして、素朴な「？」を見つけることができたら、もう「！」は獲得できたも同然です。問いの答えを探せばいいだけ、つまり調べればいいだけだからです。

しかも、インターネットがある今の時代というのは、図書館で調べものをしていたひと昔前と比べれば、ずいぶん恵まれた時代だといえるでしょう。

もちろん、ウェブ上の情報というのは玉石混交《ぎょくせきこんこう》ですから、情報を取捨選択する目は必要ですが、リテラシーさえきちんと身につけておけば、以前とは比べものにならない数の情報がどんな場所にいても手に入るのです。

この素晴らしいツールを「書くこと」に役立てない手はありません。

「漬けもの石」にも「?」を見出そう

さて、素朴な問いを見つけることを始めてみると、ありとあらゆることが「?」として浮かび上がってきます。

「カタルシス」などという難しそうな言葉を持ちだすまでもなく、より身近で、より当たり前の風景の中にも「?」を見出すことができるのです。

このことを、これ以上ないほどの説得力をもって語っておられるのが、詩人、作詞家のまど・みちおさんです。

『いわずにおれない』（集英社be文庫）という本の中で、まどさんは、「いかにして詩が生まれるのか」ということについて「あれは何? どうして? がすべての出発点」と書いています。

何かをじっと見ていると、疑問が生まれる。「これは本当のところ何だろう?」「いったいどうしてだろう?」「なぜそういうものがあるのだろう?」「これは何をしているのだろう?」と不思議に思えてくる。

つまり、素朴な疑問をもつことが詩作の始まりであり、そこでハッと気づかされる何かに出会ったときに詩が生まれるということです。

一見すると、とるに足らない、ありふれたものでも、その対象をじっと眺めて考えているうちに「？」が生まれ、「！」が導かれ、詩になるのです。
この本に収録されている詩を一編、ご紹介しましょう。

つけものの　おもし

つけものの　おもしは
あれは　なに　してるんだ
あそんでるようで
はたらいてるようで
おこってるようで
わらってるようで

すわってるようで
ねころんでるようで
ねぼけてるようで
りきんでるようで
こっちむきのようで
あっちむきのようで
おじいのようで
おばあのようで
つけものの　おもしは
あれは　なんだ

この詩の始まりは、「漬けもの石は何をしているんだ?」という素朴な問いです。もちろん、漬けもの石の役割というのは、現実的にいえば「漬けものがよく漬かるための重し」となるのですが、じっと漬けもの石を眺めていると、どうもそれだけではない気がしてくる——という感覚がそのまま詩になっています。

「何をしてるんだ?」という素朴な疑問に対して、自分にはこうも見えるし、ああも見える、という思考が連なっていき、最後はまた「漬けもの石って何なんだ?」という素朴な疑問に立ち返ってくる。

この詩を読むと、素朴な疑問こそが創作の源なのだと思わずうなってしまいます。

「?」という問いを立て、おもしろく読ませる文章を書くことは、このような詩の創作と通じるところがあります。きれいにまとまってはいても、何も惹きつけるものがない文章では、「読ませる」ことは難しいからです。

一見ありふれたものもナイフを入れる角度を変えれば、新しい形の断面が現れます。ナイフを入れる角度を工夫してみることこそが、文章を生むきっかけとなり、読者の心を引っかけるフックにもなるのです。

魅力的なエッセイの方程式「エピソード＋自分の考え」

『徒然草』に学ぶ、いい文章の「型」

日常生活の中で自身が体験したことや、身のまわりで見聞きしたこと。これらも使いようによっては文章を書くときの「フック」になります。

その型を示してくれているのが、エッセイの古典ともいえる『徒然草』です。

おそらくみなさんも国語の授業で暗唱した覚えがあるでしょう。「つれづれなるままに、日ぐらし……」という有名な書き出しで始まる『徒然草』は、作者である兼好法師（吉田兼好）が日々、見聞きしたことをつづったものです。

たとえば「仁和《にんな》寺にある法師」と始まるくだりでは、「仁和寺のあるお坊さんが、ふと思い立って石清水八幡宮へ参拝に出かけた。ところが案内してくれる人もなくひとりで行ったために、極楽寺や高良などを拝んで帰ってきた」という話を紹介しています。

石清水《いわしみず》八幡宮には、いくつかお社があります。ところが、その仁和寺のお坊さんは、案内をしてくれる人がいなかったばかりに、石清水八幡宮の末寺と末社である極楽寺や高良を拝んだだけで、満足して帰ってきてしまいました。

その後、友人に会ったお坊さんは、「先日、ようやく石清水八幡宮へ行ってきた。素晴らしかった」と報告し、最後にこんなことを言います。

「ところで、ほかの参拝者はみんな山の上に向かっていたが、あれはいったい何だったのだろうか。山の上に何かおもしろいものでもあるのかと思ったが、私の目的は石清水参拝だったので、山には登らずに帰ってきました」

実は、ほかの参拝者が目指していたその山頂こそ、石清水八幡宮の本殿がある場所だったのに——というオチなのですが、これだけでは、「うっかり者のお坊さんの話」で終わってしまいます。

兼好法師は最後に、こうつけ加えます。

「ほんのささいなことにも案内人（先達）は必要なのである」

この締めの一文があることで、仁和寺のお坊さんの話が、単なるエピソードとして終わらず、教訓を含む読みものとしてまとまっているわけです。

では、ここで見られるエッセイの型とは何でしょうか。

それは「エピソード＋自分の考え」です。実際に見聞きしたエピソードをフックとして、そこから自分なりの考えを導き出している。

このように構成すれば、単なる日常の風景を「日記」ではなく「エッセイ」として仕上げることができるのです。

「記録」を「作品」に変身させる方法

試しに、みなさんも、この一週間のうちに起こった出来事の中から、印象に残っていることをひとつピックアップしてみてください。

「□曜日、ある場所で、このような出来事を目撃した」

「△曜日、こんなことを友達と話した」

こうして、自分なりにエピソードを文章にしてみるのです。

もし、書こうと思うエピソードが誰かとの会話であれば、「会話文をそのまま書いてみる」というやり方にしてもいいでしょう。セリフをそのままカギカッコつきで書き連ねてみると、地の文としてまとめるよりも難しさが半減するからです。

さて、エピソードを記しただけでは、まだ記録文にすぎません。

そこで最後に1行を加えてみます。

「この出来事を受けて、自分はこう思った」「友達と交わした会話から、私はこう考えた」

もちろん、1行だけでなくてもいいのですが、こうした自分なりの考えをまとめの文章として加えることで、記録文がエッセイとして生まれ変わるのです。

「まとめの文章」を書くときのコツは、先ほどの兼好法師の例が教えてくれます。

つまり、エピソードを「普遍化する」「一般化する」ような文章をまとめとして入れるということです。

仁和寺のお坊さんのくだりは、「案内もなく行ったせいで目的地に辿りつけなかったお坊さん」という個別の話が、最後には「ささいなことにも案内人は必要だ」という普遍的な教訓として着地しています。

そこで読者は「なるほど」「そのとおりだ」とうなずき、わが身に照らし合わせて「ささいなことにも案内人をつけよう」という教訓を得るわけです。

ひとつの出来事を俯瞰し、ほかの場合にも当てはまるような法則や教訓を導き出してまとめることで、含蓄のある読ませる文章になります。

この一週間に身のまわりに起こった出来事の中から、みなさんもぜひひとつエッセイを書いてみてください。

エピソード+自分の考え

フック

エピソード

・□曜日、こんなことをした。

・△曜日、こんなことを友達と話した。

一般化する　↓　**普遍化する**

自分の考え

・自分はこう思った。

・私はこう考えた。

文豪が書いた「名文」に自分の経験談を組み合わせる

「レモンの重さ」は「幸せの重さ」？

本を読んでいて、「これは！」という名文と出会うことがあります。

そんな嬉しい出会いがあったら、その一文をフックに定めて、そこに自分なりの考えなどを引っかけていく。これも、いい文章を書くための「型」のひとつといえます。

梶井基次郎の『檸檬』に、「つまりはこの重さなんだな」という一文があります。

ある日、主人公は八百屋でレモンを買い求め、それを懐に忍ばせて街を歩きます。

主人公は前に体を患ったことがあり、見舞いに訪れた知人が持参してくれたのがレモンでした。

病床で触れたレモンの色や形や香りを回想しながら、主人公は、つい先ほど買ったレモンを「汚れた手拭の上に載せてみたりマントの上にあてがってみたり」したのち、「つまりはこの重さなんだな」と思いいたるのです。

では、「つまりはこの重さなんだな」とは、どういうことか。

主人公は「その重さこそ常《つね》づね尋ねあぐんでいたもので、疑いもなくこの重さはすべての善いものすべての美しいものを重量に換算して来た重さである」と続けます。レモンひとつを皮切りに、これほどまでのスケールの思考を巡らせる。この感受性には驚くばかりですが、少し思い返してみると、いかがでしょう。

この世の幸せや喜びを体現しているかのような「ちょうどよい重さ」、みなさんも思いあたるものはありませんか。

たとえば、飼い猫が膝に乗って眠っているときの重さ。飼い犬がしっぽを振りながら飛びついてきたときの重さ。眠っている幼子を抱き上げたときの重さ。

愛すべきものの重さというのは、「この世の幸せや喜びを重量に置き換えたら、きっとこれくらいなんだろうなという重さ」として感じられるような気がしないでしょうか。

『檸檬』の主人公は、レモンの重さに幸せの重さを見出しました。

同様に私たちにも、それぞれ思い入れのあるものの重さの中に、幸せの重さを感じることがあるのだ——といった文章を書いてみてもいいでしょう。

「エッセイ脳」で本を読む

感じ入った名文をフックとして、自分なりの考えを引っかけていく。

私はこれを『論語』を題材に、大学生にやってもらったことがあります。

私の授業には教職を目指す学生が多く集まっていますので、教師になるなら、やはり『論語』は読んでおいてほしい。でも、ただ読むだけでは、内容を自分のものとして吸収することは難しい。

そこで、『論語』から気に入った言葉を5つ選び、それぞれに何か自分のエピソードを関連づけてまとめるという課題にしたのです。

このような条件があると、本を読むときも「どの言葉なら自分のエピソードと結びつくだろうか」「この言葉に紐づけられるようなエピソードはあったかな」という頭に切り替わります。いわば「エッセイ脳」で読書をするようになるのです。

しかも「この言葉は、あのときの話にピッタリだ！」というものと出会ったときの喜びは格別で、すぐにも文章を書き始めたくなるでしょう。

本の作者と自分とが、何か見えない力によって運命的に出会わされたのではないかとすら感じるのです。

オリジナリティがあり、教養が滲む文章

この「引用＋エピソード」型のエッセイのよさは2つあります。

まず、自分のエピソードを入れることで、オリジナルの文章になるということです。

「誰々がこう書いていた」ということをそのままなぞったのでは、ただの「コピペ」と変わりませんが、引用に関連する自分なりのエピソードが付加されることで、読みものとしてのおもしろみが増すのです。

そして2つめは、引用の文章を入れることで「教養が感じられる文章」になること

引用に自分のエピソードを引っかける

フック

心に響いた名文

「つまりはこの重さなんだな」

↓ 私の場合でいえば……

自分のエピソード

・飼い犬の重さ

・赤ちゃんの重さ

です。名著、名文の引用をするというのは、その作品の力を借りることでもありますから、作品の価値の分だけ、文章の深みも増すのです。

本の中で出会った、たった1文、ほんの数行をもとに、読み手を感じ入らせるような文章を書くことができるというわけです。

「実験」で書くテーマを見つける

「実際にやってみる」が、文章のスパイスになる

エピソードを書くだけでは記録文の域を出ないけれど、そのエピソードをフックとして自分の考えを引っかければ、読者の共感や納得を得られる文章になる。

前項では『徒然草』を例として、この型を紹介しました。

一方、エピソードそのものを、文章をおもしろくするスパイスとして活用するという方法もあります。『徒然草』の逆バージョンともいえるでしょうか。

この項ではその方法についてお伝えしましょう。

エピソードに自分の考えを引っかけるのは「具体的現象→普遍化」という型です。

先ほどの「仁和寺にある法師」の場合でいえば、「あるお坊さんが石清水八幡宮に参拝したと思ったのは実は勘違いだった」というのが具体的エピソード、そこに兼好

が加えた「ささいなことにも案内は必要だ」というのが普遍的な教訓です。

つまり、「具体的現象を普遍化する」という順序で書かれているわけです。

そして、ここでお伝えしたいのは、その逆の構成です。

「普遍的現象をもとに具体化していく」——要は、「一般的にはこう言われているのだが、本当にそうだろうか？　自分で実際に試してみよう」という書き方なのです。


そろそろお気づきかもしれません。

この書き方は、身をもって何かを検証してみて、その体験を文章にまとめていくという、いわば「実験型文章術」なのです。

この文章の場合、フックとなるのは、「普遍的現象」です。一般的に言われていること、一般的に流行っていることなどをフックとし、それを実体験に落としこみます。実験的精神こそが文章を生むエネルギーになるというわけです。

YouTubeでは、よく体を張った「やってみた系」の動画が話題になりますから、ここではわかりやすく「YouTube式文章術」と名づけておきましょう。

実験精神で「！」を演出する

本書の執筆に入った頃、ちょうどＹＯＡＳＯＢＩという人気バンドの、ある楽曲が話題になりました。「夜に駆ける」というヒット曲の英語版が発売されたのですが、その英語の歌詞が、ところどころもとの日本語の歌詞のように聴こえるというのです。

私もＹＯＡＳＯＢＩのファンですから、この英語版を聴いてみて驚きました。たとえば、英語版の冒頭「Seize a move, you're on me」は、もとの歌詞の「沈むように」と聴こえます。

このような具合で、もとの日本語の歌詞を知っているファンの間では、「あれ？ここも、ここも、英語のはずなのにもとの歌詞で歌っているように聴こえる！」と大きな話題になったのです。

さて、この話を「YouTube 式文章術」でまとめてみると、どうなるでしょうか。

「ＹＯＡＳＯＢＩの『夜に駆ける』の英語版の歌詞が、もとの日本語の歌詞のように聴こえる」というのは、万人が知っているわけではなくとも、それなりに話題になっているわけですから、一般的な現象といえるでしょう。

そして、この現象をそのまま文章にしたのでは、ニュースの解説文と変わりません。すでに知っている人は「知ってるよ」と思うだけ、知らない人も「ふーん」と思うだけで終わってしまいます。

そこで、「実際に試してみた」というスパイスを加えます。

「YOASOBIの『夜に駆ける』の英語版の歌詞が、もとの日本語の歌詞のように聴こえると話題になっている。本当にそうだろうか？　実際にやってみた」という構成にしてみるのです。

どういう実験にするかは、いろいろと考えられるでしょう。

「誰が歌っても、もとの日本語の歌詞のように聴こえるのか？　自分で歌ってまわりの人に聴かせてみた」というのもひとつです。私は実際やってみましたが、ikuraさんのようにはうまくいきませんでした。

少し発展させて「では、もとの日本語の歌詞のように聴こえる英語の歌詞は、意味も同じなのだろうか？　調べてみた」といったやり方も考えられます。

日本語の歌詞に聴こえる部分の英語の歌詞を訳してみて、「ここはこういう意味なので、日本語の歌詞とは少し違う」「ここはこういう意味なので、日本語の歌詞にかなり近い」などと検証して文章にまとめてみると、読む人の関心を引くはずです。

ここでも実は、「?」で引っかけ、「!」で落とすという構図が成立しているのです。

このように、「実体験エピソード」によって文章の価値を上げる方法もあるということも、ぜひ覚えておいてください。

理科の授業でも、理論より実験のほうが楽しいと感じませんでしたか。

そのような実験精神を文章を書くために発揮してみると、自分もワクワクして楽しいものです。読者にも発見や驚き、納得感といった「!」を提供できることになるので、一石二鳥ともいえるでしょう。

YouTube式文章術

フック

普遍的現象

英語の歌詞が日本語の歌詞と

同じように聴こえる！

本当
かなあ？

試して
みよう！

実際にやってみた！

・誰が歌ってもそう聴こえる？

・英語の歌詞と日本語の歌詞は同じ意味？

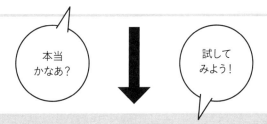

「概念」で思考を刺激する

「机」「にんじん」は概念か？

「話に筋が通っている」というのは、いい文章の条件のひとつです。

話題があっちへいったりこっちへいったりとフラフラせず、出だしから終わりまでが首尾一貫、ひとつのテーマで貫かれている。当たり前のことのようですが、こんな文章を書いてみようと思うと、実は意外と難しいものなのです。

では、書く内容に筋を通すためには、どうしたらいいのでしょうか。

その鍵は、「概念」にあります。

「概念」とはいったい何なのか――その定義を説明する前に、まずは、いくつかの具体例を挙げながら考えてみましょう。

たとえば、今私の目の前にある「机」や「パソコン」。これは概念でしょうか？

違います。では、「にんじん」や「包丁」はどうでしょう？　これも違います。これらはすべて物の名称であり、概念であるとはいえません。

それでは、たとえば「民主主義」はどうでしょうか？　これは概念です。「美しさ」「脆弱さ」「はかなさ」などはどうでしょう？　これらも概念です。


少し目先を変えて例を挙げてみましょう。

私が好きなマンガ『呪術廻戦』（芥見下々著、集英社）の中に、「領域展開」という言葉が出てきます。

『呪術廻戦』は、人間の負の感情から生まれた呪霊を、さまざまな呪術を駆使して祓う「呪術師」の闘いを描いたバトルマンガです。アニメ化もされているので、ご存じの方も多いでしょう。

このマンガで重要な意味をもつ「領域展開」とは、呪霊との闘いの際に、呪術師たちが自分の呪術の効力を張りめぐらせた空間をつくり出すことです。一種の結界のようなものといえばわかりやすいでしょうか。

呪術の効力はそれぞれの呪術師によって異なりますが、呪術師の力が呪霊の力を上回る場合、その領域内に入った呪霊は身動きがとれなくなるという設定です。

では、考えてみてください。「領域展開」は概念でしょうか？
はい、これは概念なのです。

「概念」が視点を与えてくれる

いかがでしょう。なんとなく「概念」のイメージをつかむことができたでしょうか。

つまり概念とは、物事を見るための視点を与えてくれるものなのです。その視点をもって物事を見ることで、思考の幅も選択肢も広がっていくきっかけを与えてくれるものともいえるでしょう。

ですから、この「概念」をフックとして定めると、普段とは違うものの見方ができるようになったり、これまで見すごしていた物事について深く考察することができるようになったりするのです。

「机」をフックに定めても、そのことをきっかけに思考が深まっていくなどといったことは普通は起こりえません。

一方、「民主主義」がフックになれば、社会について考えを巡らせる糸口になるのです。

「人民が主体であるとは、どういうことなのか」といった根本的な問いが生まれたり、「投票率が低い日本では、はたして民主主義が機能しているといえるのだろうか」など、今日的な問題に思考を発展させたりすることができるでしょう。

「美しさ」なども同様です。観念的である分、いっそう自由に思考が広がる可能性をもっています。「美しさ」という概念をフックとして「自分にとって美しさとは何か」というテーマを設けるだけでも、何かおもしろい文章が書けそうな気がしてきませんか。

そして、先ほど挙げた『呪術廻戦』の「領域展開」もまた、思考を広げるフックになりえます。

「領域展開」とは、要するに自分の世界に相手を引き入れてしまうということです。この概念をフックとして現実世界を見てみると、実は私たちの身近なところにも、さまざまな「領域展開」があることに気づくのです。

たとえば、成績優秀なセールスパーソンは、自身の営業トークの世界に顧客を引き入れます。だから顧客の心をつかみ、商材を売ることができます。

素晴らしい芸術家は、自分のアートの世界に観客を引き入れます。だから観客の心をつかみ、感動させることができます。

強打者は、ストライクゾーンをすべて支配しているかのようなプレッシャーをピッチャーに与えます。だからピッチャーはどこに投げても打たれるような気がしてしまってボールが続き、フォアボールになってしまうのです。あるいは、信じられないほど甘いボールを投げてしまったりする。

これらはすべて、自分の世界に相手を飲みこんでいる状態であり、いわば相手を支配しているともいえる。まさに「領域展開」と呼ぶにふさわしい。

たとえば、こんな考察を文章にまとめることもできるのです。

概念で、3つの具体例を引っかける

フック

概　念

領域展開＝自分の世界に相手を引き入れる

抽象から
具体へ

同じものを
3つ探そう

具体例

・セールスパーソンが商材を売るとき

・芸術家が観客の心をつかむとき

・バッターがピッチャーにプレッシャーをかけるとき

事例は「3つ」で語る

概念からテーマを掘り起こす

「概念」をつかむことに慣れていくと、どんなに身近な出来事も「概念をもって語れる何か」として見えてきます。

実のところ、私たちの日常とは、概念で語ることができるネタだらけともいえるのです。

たとえば、ある朝、寝坊をして待ち合わせに遅刻をしてしまいました。

この出来事をネタに文章を書いてみるとします。

「今日は寝坊をして待ち合わせに遅刻しました」――いたって普通です。

では、「遅刻」という概念をフックにしてみたら、どうなるでしょうか。

●「遅刻」をする人の共通点
●「遅刻」をしても憎まれない人は何が違うのか
●古今東西、「遅刻」で機会損失をした歴史上の人物

少し考えただけでも、これだけのテーマが見えてきます。

「私は今朝、遅刻した」という出来事の報告で終わるのではなく、その出来事の中にある概念にフォーカスしてもう一歩踏みこんでみる。

すると、さまざまな連想が広がり、おもしろそうなテーマが見えてくるのです。

「概念」とは、思考の幅や選択肢を広げてくれるフックであると書きました。そのフックを手に、改めて周辺にアプローチしてみると、こうして書くことのテーマをざくざく掘り出すことができるのです。


テーマが決まれば、今度はこのテーマをフックにして、引っかかる材料を集めます。テーマに関する具体例を3つ、引っかけてくるのです。

遅刻をする人の共通点を3つ集める。遅刻をしても憎まれない人の特徴を3つ集める。古今東西、遅刻で機会損失をした歴史上の人物のエピソードを3つ集める。

なぜ3つなのかは、この後でお伝えしますが、こうして具体例を3つずつ集めることまでできたら、もう八割方書けたも同然です。それぞれのテーマが一編の文章としてきちんと成立するでしょう。

難しそうに思えるかもしれませんが、ネットで「遅刻　戦国武将」をキーワードに検索すれば、徳川秀忠（家康の息子）の関ケ原の戦いへの大遅刻、伊達政宗の大遅刻などがすぐ見つかります。伝説ですが、宮本武蔵の遅刻も有名です。

このように、「遅刻した」という一見、何の変哲もない出来事も、「遅刻」をひとつの概念として扱ってみるだけで、「読みもの」へと昇華させることができるのです。

3点で、一番シンプルかつ丁寧に表現できる

事例や具体例を集めるときには、「3つ」にするのがおすすめです。

3つというのは、何かを説明しようというときに、多すぎず少なすぎず、もっともバランスがとれた数なのです。

何かを言い表すのに、ひとつや2つの例をもとに論じるのでは、説得力に欠けたり、短絡的な印象を与えたりします。かといって、それが4つ以上になると、重たい印象になりますし、読み手も飽きてしまうでしょう。

3つというのは、もっとも端的かつ丁寧にものを言い表すことができる数です。書き手にとっても読み手にとっても、適度な満足感を生む数といっていいでしょう。

事実、世の中には3つで構成されているものが数多くあります。

「自由・平等・友愛」、「心・技・体」、「序・破・急」は有名です。

日本古来の武道や茶道などは、その修行の過程を「守・破・離」の3つで表しますし、もっと身近なところでも、会社員の心得は「ほう（報告）・れん（連絡）・そう（相談）」の3つとされます。

3つというのは、今も昔も人の営みに合致するバランスのいい数といえるのでしょう。

思い返せば、私自身が「3つ」という数を意識するようになったのは、通っていた中学校の標語が「真・善・美」だったことにさかのぼります。以来、こうした「3つで構成されたもの」に出会うたび、「3」は私にとって特別な数字となり、いわば「神の数字」だと思うようになりました。

こうした経験から、自分でものを書くときにも「3」で構成するようになりました。論文は必ず3章立てにし、さらに、それぞれの章を3節立てにしていました。

ボックスを埋めていくように書く

「3つ」を意識しながら文章をまとめていくことは、書くことの全体像を見通しやすくなるというよさがあります。全体像を見ながら書くことができれば、書く作業は格段にスムーズになるのです。

論文を書くことを例に、少しご説明しましょう。

論文を書くにあたっては、書こうとするテーマに関連した本や資料に目を通すでしょう。このときに、まずは3つ、引用したいと思う箇所を見つけ、それを論文の骨組みにします。

この骨組みができたら、その3つの引用に対して、それぞれに自分なりの考察を肉づけしていきますが、ここでもひとつの引用につき3つずつ考えを書いていくのです。

こうして、3つの骨組みが章立てとなり、それぞれの章が3節ずつに振りわけられる、まさに「3」で構成された論文が完成するというわけです。

この手順をイメージしてみると、頭の中に3つの大きなボックスが浮かび、さらにそれらが3つずつの小さなボックスに分割されているような図が浮かびませんか。これらの合計9つのボックスは、そのまま文章を書くためのガイドラインになってくれるのです。

それぞれのボックスを文章で埋めていくようなイメージをもって書き進めることができれば、ガイドラインも何もない白紙の状態から手探りでスタートするよりも、書くことはずっと楽に感じられるでしょう。

何度も書くほど「書くことに困らなくなる」理由

ところで、文章を肉づけしていく過程では、今回の論文のテーマとは本質的には関係しないけれども、鋭いアイデアが浮かぶということがよく起こります。そうしたアイデアが浮かんだら、関係ないからとそのままにせず、しっかりと書きとめておいてください。そして、今回の論文では注釈の扱いとして巻末に回しておきます。

すると、一本の論文を書き上げる頃には、注釈もそれなりの分量になっているでしょう。そうしたら、今度はその注釈のアイデアをメインテーマと定めて新たな論文を書くということが可能になります。

いわば、論文が論文を生むという仕組みです。

これならほぼ無尽蔵に論文を書くことができるのです。

こうしたことはすべて私の実体験で、大学院生時代は、ひとつ論文を書くとたいてい2つは次の論文のテーマが生まれていました。

書けば書くほど新たなテーマが出てくるので、さらに書かずにはいられなくなります。「書く人ほど、どんどん書けるようになるのだ」と気づいたのも、この頃のことです。

3つの引用を骨組みにして書く

3×3で
構成する

フック

引用①

自分の考え×3

↓

フック

引用②

自分の考え×3

↓

フック

引用③

自分の考え×3

それまでは一本の論文に苦しんでいたのに、このコツをつかんで以来論文のテーマを探すことにも、論文を書き上げることにも、ほとんど苦労しませんでした。

書くことを続ける人ほど、書けるようになる。これは、書くほどにコツが身につくというだけでなく、書くことによって新たなアイデアが生まれるということでもあるのです。

「読ませる文章」に磨き上げる

小さすぎず、大きすぎないテーマがいい

ひとつの概念からは、いくつものテーマを生み出すことができます。

ただし、数ある候補の中から、これというテーマを選択するときには、その「スケール感」も重要です。大きすぎず小さすぎない、物事を語るのにちょうどいいテーマを設定することが、書く内容のおもしろさや深さに直結するからです。

たとえば、読書感想文のタイトルとしてもっとも多いのは、「○○○を読んで」というものです。本のタイトルをそのままテーマに設定するわけですが、こうした広いテーマで書こうとすると、その内容も往々にして、広く浅くといったものになりがちです。

はじめに設定するテーマのスケールが大きすぎると、書く内容を深めていくことも難しくなってしまうのです。

では、どのようにして的確なスケールのテーマを設定し、文章を書いていくのか。ここではマンガ『SLAM DUNK《スラムダンク》』（井上雄彦著、集英社）を例に、そのやり方を考えてみましょう。

「登場人物のひとり」にスポットを当てる

『SLAM DUNK』は、バスケットボールに熱中する高校生たちの成長の物語です。ただし、この物語のあらましをそのまま文章を書くテーマとして設定するのでは、テーマがあまりに壮大すぎて、ピントがぼやけてしまうでしょう。

そこで、このマンガの登場人物のひとりにスポットを当ててみます。

私から見ると、やはり主人公の桜木花道が、どうにも気になって仕方ありません。なぜ気になるのかというと、彼が元気すぎるがゆえに空回りしている人物だからです。余力がありすぎるばかりに、勝手に突っ走って失敗したり、チームの仲間や監督とぶつかったりする。その姿が愛おしくてたまりません。

こうして考えを巡らせていくと、「桜木花道＝力の持てあまし」という切り口が見えてきます。さらに、力を持てあますことで生じる「もどかしさ」や「イライラ感」

などもキーワードとして抽出できるでしょう。

「力を持てあます」「もどかしさ」「イライラ感」、これらはすべて概念であり、どれも同じような意味合いとしてとらえることができますが、ここでは「力を持てあます」というキーワードをテーマに定めてみます。

そして、このテーマをフックとして、まわりを見てみると、どうでしょう。

何かほかの作品の中に「力を持てあましている人」が描かれていないでしょうか。

ここでまず私の頭に浮かんだのは、宮沢賢治の詩「春と修羅」です。

「いかりのにがさまた青さ／四月の気層のひかりの底を／唾《つばき》し　はぎしりゆききする／おれはひとりの修羅なのだ」。春が来て、体内にエネルギーがあふれるけれど、その力の行き場がなく、唾を吐いて歯ぎしりしながら歩き回る修羅。これは花道の姿と重なりますし、青春期そのものでもあります。

次に浮かんだのは、民話の『三年寝太郎』です。

怠け者と評判だった主人公が、ある日を境に急に働き者になり、川から田畑に水を引く大工事などを始めて村に貢献する。これもまた、ある意味では、長期間にわたって怠けつづけ、「力を持てあました」ことによる反動と読むことができるのではないでしょうか。

そしてもうひとつ、きわめつきのものを思い出しました。『古事記』に登場するスサノオノミコトは、姉のアマテラスオオミカミの手にもあまるほどの乱暴者で、ついには姉の逆鱗に触れて天界を追放されてしまう。まさに「力を持てあましている」と思います。

これでもう3つ、例が集まりました。

これだけの材料があれば、『SLAM DUNK』の桜木花道を中心として、「力を持てあましている人物」についてしっかりと考察し、文章を書くことができるはずです。

こうして事例を集めてみると、一見こじつけのように感じられるものも出てくるかもしれません。でも、そうした事例について、いかに説得力をもって語ることができるかという点に、むしろ文章を書くことの醍醐味があるといえるでしょう。

こうした具体例をつなげていく接着剤は、書き手自身の経験です。高校生時代の

「力を持てあましていた」感覚を思い出したり、何かとの出会いによって力の出し所ができた経験を思い出したりすると、オリジナルな文章になります。

大切なのは、自分が「作品をこのように読んだ」という主観であり、その主観が文章のオリジナリティともなるのです。

「具体」と「抽象」を行き来しながら書く

さて、これまで私がやってみたことが何なのかといえば、それは「具体と抽象とを行き来して考えている」ということです。

最初にテーマを定める段階では、主人公の桜木花道を、作品に描かれるその具体的な言動から「力を持てあましている人物」として抽象化しました。

そして、人物像をフックとして、『春と修羅』の「修羅」、『三年寝太郎』の「怠け者だった主人公」、『古事記』の「スサノオノミコト」という3人を具体例として引っかけてきたわけです。

このように、具体的なものを見て「つまるところ、これはどういうことなのか」と抽象化し、「そうだとしたら、これも当てはまるな」と、他の具体的な例をさがす。

このくり返しの力を鍛えることが、いい文章を書く能力にもつながるのです。

こうして具体と抽象を自由に行き来できるような力がつくと、その力に比例してもののの見方が鋭くなっていきます。

「どのように抽象化し、どのように具体化するか」は自分独自のものであり、書き手としてのオリジナリティでもあるからです。

第2章

文章は準備が9割

文章力超入門

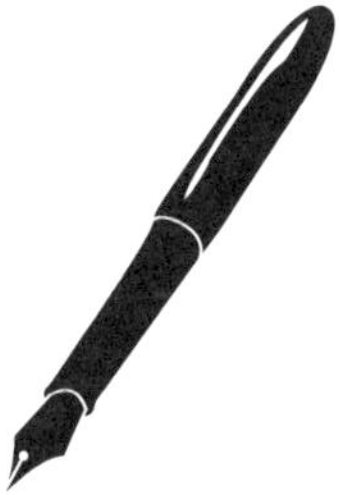

テーマは「探すもの」でなく「拾うもの」

迷わず書ける「事前の準備」

前の章では、「フック」を設けることを足がかりに、いい文章の「型」を見てきました。

しかし、この「型」を使って、いざ文章を書こうと勢いこんでみても、なかなか手が動かないかもしれません。

「型がわかったのに、なぜだろう？」と思うかもしれませんが、これは無理もありません。

文章を書き始めるためには、事前の準備が必要だからです。

書くための準備としてまず欠かせないのは、「書きたいことを決める」というテーマの設定です。前章でさまざまな型を紹介する中でも、書くテーマを探すヒントがちらほらと出てきましたが、さて、みなさんは今、書きたいことがあるでしょうか。

本書を読む前からすでに書きたいことがあるとか、前章の「型」を知っていく中でアイデアが浮かんだりしたとしたら、それはもちろん素晴らしいことです。

自分が「書きたくなる何か」とは、他者が「読みたくなる何か」だからです。伝えたいという気持ちが言葉や行間にあふれている文章は、それだけで魅力的で「読ませる」ものになるでしょう。

「ネタ」は向こうから飛び込んでくる

一方、「書きたいことがあれば書くけれども、そもそも書きたいことが見つからない。だから書きようがない」などと思っている人も多いかもしれません。

現時点で書きたいことがない人には、ぜひ、これから「書きたいことを見つける目」を養ってほしいと思います。

なぜなら、「書く」という行為は、あえて書きたいことを見つけ出してでも、取りくむに値するものだからです。大学で私がエッセイの課題を出しているのも、書く対象を見つける努力をすることには、それ自体に価値があるからなのです。「特に書きたいことがないから」といって、書くことをしないままでは、その大きなチャンスを逃すことになってしまいます。

では、「書きたいこと」はどのようにしたら見つかるのでしょうか。実は簡単です。

ヒントは「叩けよ、さらば開かれん。求めよ、さらば与えられん」という聖書の言葉です。

これは「叩けば（門は）開かれる。求めれば与えられる」ということ。意志あるところに道は開かれる、といってもいいでしょう。

書きたいことを探すというのは、机に向かって「ああでもない、こうでもない」と、うんうんうなるようなことではないのです。「自分が書きたいネタがどこかにあるはず。どこにあるだろうか」という素直な目で世の中を見渡してみれば、自然と「書きたいこと」が向こうから飛び込んできてくれるのです。

食材を選ぶ料理人のように日常を過ごす

腕利きの料理人が、いい食材を求めて市場を歩いているところを想像してみてください。

彼らは「今日は店でどんな料理を出そうか。何かいい食材はないだろうか」とアンテナをフルに働かせているはずです。

そうしてアンテナが立っていればこそ、「私をこんなふうに料理して！」「私、ここで一番新鮮です！」という食材の声が聞こえてくるのです。

「どんな料理を出そうか」と考えているから、アイデアの扉が開く。

「いい食材はないだろうか」と考えているから、いい食材に出会う。

まさに「叩けよ、さらば開かれん。求めよ、さらば与えられん」です。

何も書きたいことがないのは、もしかしたら、物事をぼんやりと眺めているからなのかもしれません。その目を開き、「書きたい」という意識をもった瞬間に、同じ世界がとたんにビビッドな色彩を帯びて見えてくるはずです。

「書くこと」を見つけるつもりで生活する、ときに立ち止まって世の中を眺める、本を読む、ドラマや映画を鑑賞する、YouTubeで動画を探す――すると、「書く材料」は自分の日常のいたるところに転がっているのだと気づくでしょう。

こうして、自分と世界とのつながりをより強く感じ、「考える人」になる。

これもまた、書くことが与えてくれる大きなメリットなのです。

文章力の基本、「箇条書き」「メモ書き」

材料をひたすら並べる「列挙力」

書きたいことが決まったら、次に必要なのは、自分がもっている材料を整理するという作業です。テーマをもとにすぐに執筆に取りかかるのではなく、文章を書くために使える材料をまずは「列挙してみる」のです。

「書く」というのは自分の思考や感情を言語化するという行為ですから、自分の中にあるものがわかっていなければ、文章を書くこともできません。でも、自分のことは自分が一番わかっているようでいて、実は、そうでもないのです。

ですから、自分の内側にある思考や感情を、思いつくままに片っ端から書き出してみる。

すると、きっと「そうか、自分はこんなふうに考えていたんだ」「このことを問題視していたんだ」「この感情は、この思考から生まれていたのか」など、自分自身に関する新たな発見があるはずです。

もちろん、普段から文章を書き慣れている人ならば、はじめからつらつらと文章に書いていくこと自体が思考や感情の整理になるものです。でも、慣れないうちは、接続詞などを必要としない箇条書きのほうが書きやすく、また後からも見直しやすいでしょう。

ここでも料理にたとえてみれば、この「書く材料を列挙する」というのは、手元にある食材を台の上に並べ、一つひとつ何があるかを確認しながら「どんな料理を作ろうか」と考えるようなものです。

食材のラインナップを把握していなければ、どんな料理ができるのかもわかりません。気の向くままに作り始めて、後から見つかった材料を放りこんだりしたら、できあがるのはちぐはぐな料理になってしまうでしょう。

材料を把握し、作る料理を考え、必要な材料をピックアップし、正しい手順で調理してこそ、美味しい料理ができる。文章にもまったく同じことがいえます。最初は脈絡などなくていいから、自分の内側にある思考や感情をザーッと並べてみるといいのです。

この「列挙力」とも呼ぶべき準備は、書くことに慣れていない人にとっては特に、書く力の土台になります。列挙したうち、いくつかの材料をピックアップしてつなぎ合わせれば、それだけでも立派な文章になるでしょう。


この「列挙力」で思い出すのは、私が小学生の頃、週末の作文の宿題で「家族で温泉に行ったこと」を書こうと思って、材料を箇条書きしたことです。

「途中で見た紅葉がきれいだった」「道中、お母さんとこんな話をした」「温泉はこんな感じだった」などと、ひたすら思いつくままに書き出しました。

なぜこんなことを記憶しているかというと、帰宅して「さあ、作文を書こう」と思ったら、温泉帰りに立ち寄った祖母の家に、そのメモを忘れてしまったことに気づいたからです。

作文は翌日に提出しなくてはいけなかったので、祖母に電話して、電話口でメモを読み上げてもらい、それをメモして、その晩に作文を書き上げました。

メモを事前に準備していたからこそ、短時間でも書き上げることができたのです。

自分の持ち味は必ず見つかる

材料を列挙するという準備法には、もうひとつメリットがあります。

それは「材料を列挙しよう」と思うと、否が応でも材料をひねり出すことになるというメリットです。特に機会がなければ気づくこともなかったかもしれない自分の思考や感情、今まで見すごしていた身のまわりの現象にスポットライトを当てることができるのです。

この効果を高めるために、真っ白い紙（パソコンならば、Wordなどの文書）に、最初に1から20くらいまで番号を振っておくのもいいでしょう。

すると、列挙した分だけ、書くことの内容は深まるはずです。誰が書いても同じような内容になってしまいそうなテーマでも、オリジナルの切り口で書けるようになるのです。

たとえば「運動会の思い出」について書くとしましょう。20個、材料を書き出すとなれば、「リレー」「お弁当の時間」「優勝したこと」といった大多数の人に共通すること以外にも、材料をひねり出さなくてはいけません。

すると、「よくよく思い返してみたら、こんなことがあったな」「そこでこんなふうに感じたな」という、自分にしか出せない材料が見つかるものなのです。

私自身も、「運動会の思い出」でいえば、おそらく他人とは重複しないだろうというオリジナルな材料が、少なくとも2つあります。

ひとつは、二人三脚ならぬ三人四脚をスキップで走ろうと考えたことです。

二人三脚のように複数人で息を合わせて走るやり方では、走るのが遅い人にスピードを合わせるというのが、転ばずに走るための定石です。ところが、そのときチームを組んだ3人のうちのひとりは、おそろしく足が遅かったのです。

ならば、いっそのこと勝つことは諦めて、楽しめるやり方はないか。そう考えて「三人四脚スキップ」を提案し練習したところ、なんと、その走るのが遅い人はスキップができなかった……というオチです。

結局は走る以外に方法はなく、いい成績を残せなかったわけですが、「少しでも速くできないか」とチームメイトとアイデアを持ちよった話や、このオチを書けば、ほほえましいエピソードとして、まとめられそうではありませんか。

もうひとつは、中学生の頃、「運動会の最中に砲丸でキャッチボールをしようとして、私の手が血だらけになったこと」です。

二年生のときだったか、「運動会なんて」と斜に構え、同級生と一緒に陸上部の部室にこもっていたときのこと。部室に置いてあった砲丸を見て、どちらからともなく、それでキャッチボールをしたらどうなるかという話になりました。

みなさんもご存じかと思いますが、砲丸というのは、ものすごく重いのです。でも、中学生だった私たちは、思いが至らず、おもしろ半分でキャッチボールを実行しました。

同級生が投げた砲丸を私が素手で受け止めようとしたら、当然ながら受け止めきれず、私は砲丸の重みで両手を地面にしたたかに打ちつけてしまいました。

手は血だらけになり、運動会の最中に医務室のお世話になるという何とも残念なてん末になったのです。

これらのエピソードは、まずほかの人にはない「運動会の思い出」に違いないでしょう。

一見、ありきたりなテーマでも、材料をたくさん列挙しようと思うと、「そういえば、こんなことがあったな」というエピソードのひとつや2つは出てくるものなのです。

いったん図にまとめて整理する

「メモ書き」「箇条書き」は、書く材料が目の前に並んでいるという状態です。

そこで書き始めることができそうならば、どんどん書いていきましょう。

でも、もし材料を前にして「いったい、これをどうしたらいいんだろう」と途方に暮れてしまった……などということになったら、「図にして整理する」方法をおすすめします。

箇条書きをした時点では、書くための材料たちが脈絡なく並んでいます。今回、文章にしたいこととはあまり関係ないことも混ざっているかもしれません。

そこで、一つひとつの材料を吟味しながら必要な材料だけをピックアップし、筋道を立てながら並べ替えてみるのです。

その際に、「そもそも」「だから」「しかし」といった接続詞で項目をつないでみたり、展開の順序を矢印で示したり、似た要素をマルで囲ってグループ分けしたりと図解していきます。すると、てんでばらばらだった要素が視覚的に整理され、大まかな構成も立ち上がってくるでしょう。

特に長めの文章を書くときは、最初にある程度、文章全体のビジョンが見えていたほうが書きやすいものです。この準備段階を踏んでおくと、書き出しから書き終わりまでが断然スムーズに進むのです。

ちなみに、この図解のプロセスは、だんぜん手作業が向いています。私も論文や本の構想を練るときは、コピー用紙の裏紙などに、手書きでよく図を書きます。

今ではすっかりパソコン、スマートフォン派の私ですが、学生時代にさんざん味わった手書きのよさを忘れたわけではないのです。

人とは違う「切り口」をつくる

見せたい断面図を考える

オリジナリティのある文章を書くためにも、やはり準備は必要です。

書くためのネタが決まったら、それをどの角度で書いていけば、書く文章がほかとは違うオリジナリティあふれるものになるかを探っていくのです。

これから書こうと思うネタを、「立方体の物体」と想像してみてください。

そして、この立方体にどのようにナイフを入れるかが、ネタの切り口となります。

多くの人が真正面からナイフを入れて見せるところ、少し角度をつけて斜めからナイフを入れたら、人とは違った断面図を見せることができるでしょう。

まさに「切り口」という言葉があるように、少し変わった角度でネタを切ると、現れる断面図も人とは違ったものになるのです。

これが、人とは違う角度の文章を書くということですが、では、どのようにして自分なりの角度を見つければいいのでしょうか。

ここではマンガ『鬼滅の刃』（吾峠呼世晴著、集英社）で考えてみましょう。アニメ化もされ、大ブームになった本作ですから、ご存じの方も多いと思いますが、この作品の簡単なあらすじは、こうです。

主人公の炭治郎《たんじろう》は、幼い頃に父を亡くし、家業であった炭焼きをしながら母と5人の弟妹たちと平和に暮らしていました。

ところが、ある夜、炭治郎が炭売りに出ている間に鬼が家を襲います。炭治郎が帰宅したときには、すでに母と4人の弟妹たちは死に、ただひとり生き残っていた妹の禰豆子《ねずこ》は、鬼と化していました。

妹を人間に戻す術を探すため、炭治郎は鬼を狩る「鬼殺隊」に入隊します。そして仲間とともに数々の苦境を乗りこえながら、次々と現れる鬼たちを退治していくのです。

さて、この『鬼滅の刃』という物語について何かを書くとしたら、よくある切り口は間違いなく「主人公の炭治郎」でしょう。もちろん、多くの人が思いつくような切り口であってもオリジナルの文章を書くことはできるわけですが、ここでは主人公以外の人物にも目を向けてみます。

この物語には、主人公やその家族以外にもさまざまなキャラクターが登場します。たとえば、3人いる炭治郎の仲間のひとり、善逸《ぜんいつ》はたいへんな臆病者で、鬼と対峙すると恐怖のあまり気を失ってしまいます。おまけに鬼を狩る技もひとつしか使えません。でも、本当はすさまじい力を秘めています。

そのすさまじい力とは……まだ作品を読んでいない方のためにもこの先はお伝えしないでおきますが、この善逸という人物にフォーカスして書くのも一手でしょう。

善逸というのは、ひと言でいえば「弱いのに強い」、両極の魅力を併せもった魅力的な人物なのです。

「新しさ」より「切り口のおもしろさ」

さらに違う角度を探ることもできます。

私自身の見方でいえば、自分が教育者ということもあり、弱虫の善逸を鬼殺隊の隊員へと育てた桑島《くわじま》慈悟郎《じごろう》というおじいさんにフォーカスしたくなります。

慈悟郎さんは、早くから善逸の秘めたる力を見抜き、ときにどんくさい善逸にいら立ちながらも、最終的には「善逸、極めろ」と諭して鍛え上げました。「ほかの弟子のように多くの技を身につけなくてもいい、自分がもっている唯一の技を極めろ」という教えです。

実は過去にも数々の優秀な鬼殺隊員を育ててきた名伯楽の慈悟郎さん。

この人物にフォーカスすると、どんな切り口が生まれるでしょう。立方体の断面図はどうなるでしょうか。

主人公の炭治郎にフォーカスすれば冒険譚ですが、慈悟郎さんにフォーカスすると、弱点だらけの弟子を立派に育てた指導者の「教育論」になります。『鬼滅の刃』を「教育」という角度で切る。「弟子がもつ本当の力を見抜き、その力を伸ばす教育」といったテーマで語っていくということです。

さて、このような切り口が定まったら、あとはこれまで述べてきたやり方と同じです。

善逸にフォーカスするのなら、ほかの作品から「弱いのに強い人物」を3つ引っかけてくる。慈悟郎さんにフォーカスするのなら、「子どもの本当の力を見抜き、その力を伸ばす教育の例」を3つ引っかけてくる。

こうすれば、ネタ自体はありふれたものであっても、ひと味違った文章を仕上げることができるでしょう。

オリジナリティのある文章を書こうとすると、「斬新なネタを探さなければ」と思う人が多いのではないでしょうか。

たしかにネタの新しさというのは正攻法のひとつですが、すでに目の前にあるネタに「角度のついた切り口を定める」「多くの人とは違う断面図を見せる」という意識で向き合ってみることも、オリジナリティの源になるのです。

ちょうどいい「比較対象」を探す

「比較」で、強調したいポイントを際立たせる

角度のついた文章を書くには、「比較をする」というのもひとつの方法です。

仮に、ある小説に感動し、その作品について論じたいと思ったとしましょう。

でも、その小説についてだけ言及するのでは、自分自身の感動を伝えることに終始してしまい、広がりや深まりに欠けるのではないか。そのようなときに、「ちょうどよい比較対象」を見つけてくると、格段に読ませる文章が仕上がるのです。

私は夏目漱石の『私の個人主義』という文章が大好きで、これまでに数えきれないほど読み返しています。これは、大正3年に漱石が学習院大学の学生たちに向けて語った講演を文章に起こした講演録です。

気難しそうな面持ちの写真で知られる漱石ですが、自身の体験を交えながら若者に

語りかける言葉に触れると、漱石の深い温かさや優しさがひしひしと伝わってくるのです。

とりわけ『私の個人主義』で心に響いたのは、

私は私の手にただ一本の錐《きり》さえあればどこか一ヵ所突き破って見せるのだがと、焦燥《あせ》り抜いた

という一節です。

文部省から英国留学の打診を受けた漱石は、「なぜ自分に白羽の矢が立ったのか」といぶかしがりながらも「反抗する理由もないから」と英国に渡ります。

しかし、いざ英国で暮らし始めたところで、漱石は「何もする事がない」という心境に至ります。日本では英米文学を研究していたことから、文学とは何かを探求しようと図書館に入り浸ってはみたものの、何ひとつ手がかりを得られずに煩悶する日々。

「空虚ならいっそ思い切りがよかった」が、自分が置かれているのは「不愉快な煮《に》え切らない漠然《ばくぜん》たるものが、至る所に潜《ひそ》んでいるようで堪《た》まらない」という状況。それを、「あたかも嚢《ふくろ》の中に詰められて出る事のできない人のような気持ちがする」と表現した後に登場するのが、先の一節です。

自分は得体の知れない袋の中に閉じこめられているが、この手に一本の錐さえあれば、その袋を突き破って外の世界に飛び出せるのに――。

そんな焦燥感を抱えたまま、漱石は帰国の途につくわけですが、やがては自身の生きる道に一筋の光明を見出します。それを漱石は「鉱脈」と表現しています。長年の苦悩を脱した安堵と喜びが伝わってくるようです。

この実体験を語ってみせることで、漱石はこの先、自分と同じような苦しみに直面するかもしれない若者たちに精一杯のエールを送るのです。

『私の個人主義』は、何度読んでも胸が熱くなると同時に、英国留学時代の若かりし漱石の心中を思うと、いたたまれないような気持ちになります。

自分がここにいる意味を必死で模索しているのに、手ごたえが得られない孤独な状況。どれほど焦り、悩んだことでしょう。

漱石と鷗外、文豪2人の意外な共通点

しかし、これほど大好きな作品でも、こうして心に響いたポイントを紹介していくだけでは、いわば読書案内のための解説文になってしまいます。

もちろん、解説文にもそれなりの役割はあるわけですが、私自身、これだけで文章を終えてしまうのは、漱石先生にも申し訳ないような心持ちになります。

もう一歩、何か深めることはできないだろうか。

そこで、ちょうどよい比較対象はないかと考えてみると、漱石と同時代の作家で、やはり海外留学した人物として森鷗外がいることに思い至ります。

鷗外は留学先のドイツで、ひとりのドイツ人女性と恋に落ちます。その後、日本に帰国した鷗外をその女性が追ってきますが、鷗外は女性に別れを告げるのです。鷗外の代表作のひとつである『舞姫』は、この実体験を下地に書かれたとされています。

鷗外がドイツ人女性と結婚しなかったのは、当時の時代背景の影響も大きく、一説

によると家族からの猛反対にあったとも言われていますが、さてここで漱石の文章を思い起こしてみると、２人の留学生活は対照的ともとれるのではないでしょうか。

明治期にヨーロッパに留学したという点は同じでも、かたや漱石は、袋に入れられたような孤独な心境で過ごし、かたや鷗外は、女性との恋愛という出来事があった。

こうして彼らを比較しながら見ていくことで、単に２人の生活の比較といったことだけでなく、当時の時代背景や、その時代の中で生きる意味などといった深いテーマにも迫ることができるはずです。

こうした過程をたどることで、なぜ私が漱石の『私の個人主義』に深く共感するのかというそもそもの発端も、改めてとらえなおすことができるでしょう。

自分が明確にしたい点を、よりはっきりと提示することができるのです。

「書き手の立場」をはっきりさせる

「私は誰?」がすべてのはじまり

文章とは、まぎれもなく「自分」という人間からくり出されるものです。

劇や小説のセリフを書くときなど、ときには他者の視点に立って書くこともありますが、それもまた「自分が考える他者の視点」です。どんな言葉を選択し、どのように文章として連ねていくのかの起点は、あくまで自分自身にあるわけですから、どこまでいっても、文章とは自分と分かちがたく結びついているものなのです。

そんなことは、当たり前なのではないかと思ったかもしれません。

でも、ここをおざなりにしているばかりに、文章を書くことをよけいに難しくしてしまっている人が意外に多いようなのです。

すなわち、「この文章を書いている、その私は何者なのか?」という点です。

自分はいったい何者なのか。どんな立場で文章を書こうとしているのか。

こうした点を事前に明らかにしておくことも、実は文章を書きやすくする準備のひとつといえるのです。


私は、テレビのあるニュース番組でコメンテーターを務めています。

番組では、政治や経済のトピックから、そのときどきに話題になっている出来事まで幅広いニュースを扱いますが、それらのニュースの合間に、ときおり司会の方から「齋藤先生、いかがですか？」とコメントを求められます。

私は政治の専門家でもなければ、経済の専門家でもありませんから、これらの問題に対して何か専門的な見解を示すことはできません。

とはいえ、コメンテーターとして席に座っている以上は、たとえ専門外のトピックであっても、それに対して何かしら自分なりの意見を述べる必要があるわけです。

ここで私が毎回、立ち返るのが、先ほどの視点です。

「私自身の立場」を明確にした上でコメントをするのです。

さて、私は何者としてならばコメントできるかといったら、それは「教育者」です。20年以上にわたり大学の教壇に立ち、日々、20歳前後の若者と接してきました。ならば、仮に新型コロナウイルス関連のニュースでコメントを求められた場合、たとえば大学が閉鎖されたことについては、明確に自分なりの見解を示すことができます。

ほかにも、オンライン講義の状況や、そのメリットとデメリット、仲間や教授と直に触れあう機会を失った学生たちの様子、今後、若者たちに起こりうる変化……。

感染症の専門知識を語ることはできませんが、いち教育者としての視点に立てば、語るべきことはたくさん出てくるのです。

こうして視聴者に「教育者から見た新型コロナウイルス」というひとつの視点を提供することで、コメンテーターとしての役割をはたすことができるというわけです。

属性をひとつだけ選ぶ

みなさんが文章を書くときも同じです。

人はみな、多面的な存在ですから、ひとりの人にはさまざまな属性があります。

その数ある属性のうち、どの立場から文章を書こうとしているのか。

どの視点で考えたこと、感じたことを書きたいのか。

「男性」として書こうとしているのか、「30代会社員」として書こうとしているのか、「息子」として書こうとしているのか、「父親」として書こうとしているのか。

あるいは、語ろうとする対象の「専門家」「マニア」として書こうとしているのか、それとも「初心者」「ファン」として書こうとしているのか。

まだまださまざまな属性や立場があるでしょうが、私が「教育者」という立場でニュース番組のコメントをするように、みなさんが文章を書くときにも「私は〇〇の立場ですが」などとことわってから書き始めると、論点が整理しやすくなるはずです。

読む側にとっても、どんな立場から書かれた文章であるかがわかっていたほうが、説得力が増すでしょう。


自分は何者として、どんな立場でこの文章を書くのか。

この点を明確に意識しながら思考を巡らせてみると、あたかも進むべき道が光で照らされるかのように、書くべき論旨が浮かび上がってくるでしょう。

書き手の「体温」を伝える

「うまい文章＝いい文章」ではない

いざ文章を書くとなると、技巧的なところが気になりだすかもしれません。人に読まれることを考えればなおのこと、いわゆる「うまい文章」が書けるだろうかと不安になる人も多いのではないでしょうか。

でも、心配する必要はありません。

というのも、文章のよしあしは必ずしも文章のうまい下手では決まらないからです。読んでいる人が「いい文章だな」と思うのは、技術的に優れた文章というよりも、書いている人の体温が伝わってくるような文章なのだと思います。

少々つたないところがあろうと、書き手の人柄が文章に表れていると、読んでいる人は書き手と直に触れあったように感じます。そう感じさせてくれる文章こそが、いい文章といえるのです。

先ほど、漱石の『私の個人主義』について書きましたが、この文章には、漱石のそこはかとなく温かい人柄がにじみ出ています。

同じように、人柄の魅力を文章から感じられるものとして思い浮かぶのは、福澤諭吉と勝海舟の文章です。

またもや歴史的偉人を引き合いに出されて驚いたかもしれませんが、2人とも、その人となりがじんわりと伝わってくる、まさに体温を感じるような素晴らしい文章を残しているのです。

福澤諭吉というと『学問のすゝめ』を思い浮かべる人が多いと思いますが、人柄が伝わってくるという意味では、口述筆記でまとめられた『福翁自伝』のほうがおすすめです。

『福翁自伝』は、幕末から明治維新という動乱期を生きた福澤の晩年の自叙伝で、いかにも知性豊かな人物の語り口という風情があります。

知性というと一種の冷徹さといった印象にも結びつきますが、この文章は、そのような印象とは正反対です。たとえば、「私に九人の子供があるが、その九人の中に軽《けい》重愛憎と云うことは真実一寸ともない」。全編を通して温かく、まるで福澤が今、自分の目の前に座って語りかけてくれているかのような親密さを感じるのです。

「少しラフな表現」に自分らしさが表れる

勝海舟は、やはり『氷川清話』がおすすめです。

勝が生きた幕末という時代や、同時代の豪傑たちについて勝自身が晩年に語った言葉をまとめた『氷川清話』は、私たちが日本史で習うような人物と勝とのやりとりの様子がわかるというだけでもおもしろく読めます。

でも、この文章の最大の魅力は、「誰と何を話した」「自分はこう思った」などと、そのつど勝が語る言葉です。まるで時代の移り変わりをリアルタイムで表現しているかのような臨場感とともに、勝の熱量が伝わってくるのです。

私は、この本を中学生のときに読み、勝が、自分を訪ねてきた坂本龍馬を評して、

坂本もなかなか鑑識のある奴だヨ

と述べるくだりに、「鑑識って言葉、かっこいい！　使ってみたい！」としびれました。

あまりの衝撃に、しばらく本書を持ち歩くほどだったことを覚えています。

杓子定規の文章は、書き言葉としてきれいにまとまってはいても、その反面、冷たくておもしろみがありません。

多少は無駄なところや、話し言葉のようにラフな表現があっても、むしろそれらがあるがゆえに書き手の人となりがしっかりと伝わるのならば、素晴らしい文章なのだと思うのです。

「完璧な文章にしなくては」としゃちほこばらず、素直に言葉にすればいいと思えれば、書くことのハードルも下がるのではないでしょうか。

「考えながら書く」ための3つのルール

書いては考え、考えては書く

「文章の型」を知り、「書くための準備」ができたら、いざ文章を書く段階です。

冒頭で紹介したように「話すように書く」「考えながら書く」ことをイメージして、言葉を連ねていってください。

頭の中でいろいろとこねくり回していても、考えはまとまりません。考えては書く、書いては考える、実はこれが一番手っ取り早いといえるのです。

ここでは、「考えながら書くためのルール」を3つ示しておきましょう。

ルール1▼タイトルは最初につけない

何かについて文章をまとめるとき、まずタイトルから決めようとする人も多いかと思います。しかし、思考や感情を探っていくような文章を書く場合には、最初から結論が決まっているビジネスメールの「件名」のようにはいきません。

「タイトルは最後につける」と心得ておいてください。

もちろん、この章でこれまでお伝えしてきたように、書くための準備としては、ネタを決め、切り口やテーマを考えておくことが必要です。

でも、そのネタや切り口をもとに、どう文章を構成していくかは、実際に文字にしながら考えていったほうが、実はスムーズに進めることができるのです。

そして、ある結論に落ち着いたところで全体を見渡し、「そうか、このことについて自分の内面に眠っていたのは、こういうことだったのか」と見通しがついたら、それがタイトルのキモになります。

ですから、タイトルについては最初はあまり深く考えず、「よし、このネタについて何かひとつ書いてみよう」というくらいの気持ちで、まずは書き始めてみるといいでしょう。

ルール2▼「カット＆ペースト」で書いていい

今はツール的にも、「考えながら書く」という執筆スタイルをとりやすくなっています。

紙と鉛筆と消しゴムを使って「書きながら考える」のは至難の業ですが、パソコンならば、どんどん書いて、どんどん改変を加えていくことができます。

思いつくままに書いてみて、ちょっと違うかもしれないと思うところがあったら、その文章だけカットして最後のほうによけておく。話がズレてしまったけれど大事だと思うところがあったら、やはり、その部分だけカットして最後のほうによけておく。

さらにもう少し書き進めてみたら、先ほどよけた文章と、うまくつながりそうな流れになってきた。となれば、「カット&ペースト」で復活させる。

パソコンで文章を書くことの最大のメリットは、このように「カット&ペースト」が簡単にできることです。段落ごと入れ替えるといった作業も瞬時にできるので、とにかくどんどん書いていき、あとから構成するということが手軽にできるのです。

スマートフォンのメモ機能でも、この手法が使えます。

私も5年ほど前にスマートフォンにしてからは、移動時間や待ち時間にスマホで執筆するようになりました。フリック入力だとキーボードを打つよりも速いくらいなので、1000字程度のコラムならば、あっという間に書けてしまいます。

ルール3▼使わなかった文章は取っておく

思いつくままにどんどん書いて、生かせるものは残し、生かせないものはよけておくという作業をくり返すと、ひとつの文章を書き終える頃には、最後のほうに「使われなかった補欠文章」たちがたまっています。

しかし、これとて決して無駄にはなりません。自分が書いた文章なのですから、これもまた自分の内面の一部です。たまたま今回は生かされなかっただけで、いずれ日の目を見るときがやってくるはずです。

ですから、よけておいた文章は消さずにとっておきます。

ネタをためておく専用の文書をつくっておいて、使わなかった補欠文章はそこにカット&ペーストしていくといいでしょう。このような「控え一覧」を作っておくと、ゆくゆくネタにも困らなくなります。

第 3 章

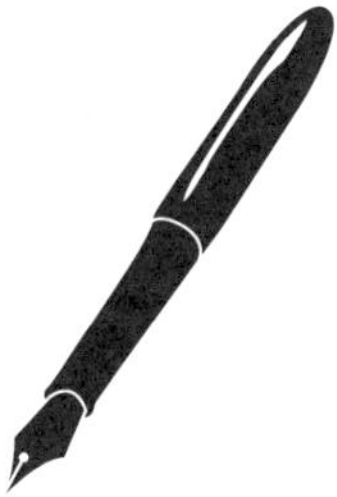

迷わず書ける処方箋

思いを言葉にする力

書くことが思い浮かばない

必ずアイデアが浮かぶ「お題」

ネタを探そうと思えば、いたるところに転がっていると前にお話ししました。

つまり、「ネタがない」とは、言葉を換えれば「ネタを絞りこめない」状況といってもいいのでしょう。

何でもいいといわれると迷ってしまっても、何かお題があるとアイデアが浮かぶことがあります。そこで、書くネタを「自分の好きな作品」というお題の中で探してみるというのは、いかがでしょうか。

マンガでもアニメでも、小説でも映画でも、ゲームでも何でもかまいません。

その中に、「これについては、たぶん人より詳しい」「これについては一家言ある」というものがあれば、それをネタとして書きたいことを探してみるといいでしょう。

自分の好きな作品について書くことは、興味のない対象について語るより、当然ながらずっと楽しいものです。さらに、自分が書いた文章を媒介として、同じ作品を好きな誰かからの共感を得ることができれば、その楽しさは何倍にもなるでしょう。

有名な作品であっても、それほど知られていない作品であっても、「同好の士」は必ずいるものです。そして、互いに見知らぬその同士たちは、たいていはインターネットでキーワード検索などをして、好きなものの情報を集めているのです。

ということは、この世界のどこかにいる同士に向けて、何かキーワードとなる言葉をフックとして投げかけることができれば、きっと引っかかってくれる人がいるはずです。

つまり、自分自身が同士のうちのひとりなのだから、自分が検索したいと思うようなキーワードを設ければいいのです。「なぜ自分は、この人物のこの場面に強く心惹かれるのだろう？」と考え、見えてきた答えが、そのまま同士の興味を引っかけるフックになるでしょう。

そして、同じようなポイントに関心をもつ人たちが集まってきて、「わかる！」「そのとおり！」と盛りあがる空間ができてきます。

「百万人の読者を想定しないのならば何も書くべきではない」とは、ゲーテの言葉ですが、私たちは、『若きウェルテルの悩み』や『ファウスト』で人類に通底する苦悩を描いてみせた天才を目指す必要はないのです。

もちろん、「百万人の読者に向けて書いてやる！」と思ったほうが書くモチベーションが上がるというのなら、ぜひその意気で書いてみるといいでしょう。

でも、「これについて書いてみたい」という自分自身の動機に沿って書き、少数でもそれを楽しんでくれる人がいれば、十分に書いたかいがある。むしろ、テーマに選んだ作品のファンが限られているほど、誰かに届いたときの喜びは増すはずです。

「自由に書く力」を育てるもの

「自分の解釈や考えがピントはずれだったらと思うと、怖くて書けない」。好きなものについて書いてみようというと、きっとこんな不安を覚える人もいると思います。

たしかに、好きなものについてはそれぞれに思い入れがあり、そして、その思い入れゆえに他者の見解には厳しくなりがちです。

自分とは違う意見や見方をもった人から、「それは違う」と否定されてしまうかもしれない。そう思って書くことに及び腰になってしまうかもしれません。

ただ、好きなことについて個人的な文章を書き、結果的にはそれが大きな勘違いだったところで、実は何の問題もないのです。

もちろん、特定の対象を不当に非難したり、差別したりするのは絶対にいけません。でも、そうした問題行為をしない限り、個人的な勘違いが誰かの迷惑になることはないはずです。

ですから、「私の勘違いかもしれませんが、まあ、とりあえず読んでみてくださいよ」というくらいに開き直って、自由に書いてみたらいいと思うのです。

もし、どうしても不安が残るようだったら、「齋藤孝の勘違いかもしれないシリーズ」といった題目にして、すべて織りこみ済みにしてしまうのもいいでしょう。「勘違いかもしれないけど、許してね」と先手を打っておく。

ある種の開き直りが、自由に書く力を後押ししてくれることもあるのです。

子どもっぽい文章になってしまう

「書きながら」語彙力を高める

文章を書き、一晩おいて読み返したときなどに、「なんだか子どもっぽい文章だな」「幼稚な感じがするな」と感じられることがあるかもしれません。

もし文章が稚拙だと感じられてしまうとすれば、その原因のひとつは「語彙の少なさ」にあるといえるでしょう。

ある思考や感情、状況を表現する際の言葉の「数」が少ない、あるいは書き言葉ならではの「奥行きのある言葉」が使われていない。そうすると、まだ多くの言葉を獲得していない子どもが話しているかのように、たどたどしい印象になってしまうわけです。

では、語彙力を磨くためにはどうしたらいいでしょうか。

まず、語彙力は「書くこと」によって磨かれます。最初は稚拙であったとしても、文章を書こうという努力をしているうちに、徐々に使える言葉も豊かになっていくのです。

その上で、ひとつ具体的なアドバイスをするならば、「人の文章を読み、新たに知った概念・言葉をメモしておくこと」です。

書籍など一般に流通している文章を書いているのは、「書くことのプロ」「書き言葉のプロ」です。そんなプロたちが使っている言葉の中には、今まで知らなかった言葉や、きちんと理解しないままに誤用していた言葉もあるはずです。

そういう言葉と出会ったら、サッとメモをとるようにする。そうして集めた言葉を、ときおり見返すようにすれば、自分の語彙としてしっかりと蓄積されていくはずです。

書き言葉と話し言葉が重なる瞬間

この本を読んでいるみなさんは、何かメモをとるというときに、パソコンかスマートフォンを使うことも多いのではないかと思います。

人が書いたものを読み、新たに知った概念・言葉について、カタカタとタイプしたり入力したりする。もちろん手書きでメモをとる場合もあるでしょうが、こうして「言葉を文字にする」ということが習慣化すると、ある変化が起こります。

不思議なことに、話しているときにもその言葉の文字列が頭に浮かぶようになるのです。映画の字幕のようなものを想像してもらうとわかりやすいでしょうか。

実はこれは、学生時代の私の身に実際に起こったことです。ちょうどワープロが登場した頃のこと、私は、「この文明の利器を使えばいくらでも論文を書ける！」という興奮を覚え、来る日も来る日もワープロで文章を打っていました。

すると、まず話している最中にも、同時にその言葉の字面が頭に浮かぶようになりました。さらには、なんと夢の中でも、まるでカタカタとタイピングするように、人々が声ではなく文字で会話するようになったのです。

こうなると、頭が休まらないのか、夢を見ている間にもドッと疲れてしまう。

さすがにこれはいきすぎでしたが、「書くことを積み重ねると、話し言葉にも書き言葉が現れるようになる」というのは、私の実体験からも明らかといえます。

断片的なメモでも、それが積み重なっていくと、記した言葉の一つひとつが「自分が使いこなせる語彙」として自然に話し言葉にも加わってきます。こうして語彙力が磨かれ、話すときの内容までもが深みを増していくのです。

話し言葉は語彙が少なくても済んでしまう上に、あいまいな言い回しも多いものです。それが書くことを積み重ねることで、洗練されていく。きわめて明晰な書き言葉を交えて話せるようになっていくのです。

まさに「書くように話す」という現象です。


「書くように話す人物」といって思い浮かぶのは、三島由紀夫です。

三島には、「口述を録音したものを文字に起こしたら、ほとんど修正する必要もなく、本の原稿になってしまった」という逸話があるほどなのです。

最近になってリバイバル上映された『三島由紀夫vs東大全共闘 50年目の真実』というドキュメンタリー映画などを観ても、いかに三島が「書くように話している」かがわかります。

次々と議題をふっかけられ、怒号も飛びかう論争中であるにもかかわらず、三島は「書かれた原稿を読んでいるのか？」というほど、よどみなく、明晰な言葉を重ねていきます。

かといって、まったく杓子定規な話し方ではなく、むしろその逆で、議論相手を焼きつくさんばかりのひたむきな情熱が言葉にもほとばしっているのです。

このような姿を見て、「豊かな語彙で話すとはこういうことなんだ」という感覚をつかんでおくだけでも勉強になるでしょう。

さて、かくもすさまじい言語能力の持ち主だった三島ですが、では、彼は最初から天才だったのでしょうか？　その答えは否でしょう。

三島の天才的な言語能力の背景には、やはり膨大な読書量があったのです。つまり、三島もまた、先人の書き言葉に多く触れることで語彙力を研ぎすませていたというわけです。

自分から発信するのが苦手

ほめるコメントをつけてみる

自分から発信することが苦手という人の多くは、意識的にせよ、無意識的にせよ、他者からのネガティブな反応を恐れているのではないかと思います。

ＳＮＳなどの場でも、「否定的なコメントがついたらどうしよう」と不安に思う気持ちがあると、なかなか自分の書いたものを公開しようという気持ちにはならないでしょう。

そうだとしたら、おすすめしたい効果的な処方箋が３つあります。

まずひとつめは、「ＳＮＳで肯定的なコメントをつけてみること」です。

肯定的なコメントをつけることが、発信力をつけることにどのようにつながるのでしょうか。

私が大学で行ったあるクラスの講義で、こんなことがありました。

そのクラスは英語教師を目指している学生が多かったので、私は「気に入ったYouTube動画に英語でコメントをしている人に、英語でコメントをつけてみよう」という課題を出してみました。

ルールはひとつ、「肯定的なコメントをすること」です。

すると、もとのコメントを書いていた人から、やはり肯定的な反応が返ってきたのです。なかには講義時間中に何往復かコメントのやりとりが続いた学生もいて、私が予想していた以上に心温まる交流が生まれました。

自分が発信したことに肯定的なコメントがついて、嫌な気持ちになる人はそういません。たいていは「ありがとうございます」といった感謝の言葉が返ってくるでしょう。

ときには、嬉しくなった発信者が「実は……」と何か追加の情報を教えてくれるかもしれません。そうしたら、「へえ、そうなんですか！　勉強になります」などと続ければ、コメント欄がすべて肯定的な会話で満たされていきます。

そのような気持ちのいいやりとりを一度経験してみると、否定的なコメントを恐れる気持ちよりも、自分から発信することの楽しさのほうが上回っていることに気づくでしょう。

また、YouTubeのコメント欄のように一つひとつは短いコメントでも、ある程度コメントのやりとりが続くと、それなりのボリュームになってきます。こうして、最初は誰かの発信にリアクションしただけだったものが、いつのまにか相応の文字数になり、内容も深まっていく。一種の「自己表現」になっていくわけです。

それでいて、みずから文章を発信するよりは格段にハードルが低いので、すぐに実践できて継続もしやすいでしょう。

そのうちに発信することへの苦手意識も消えてきて、自然と「よし、今度は自分の文章も発信してみよう」などという気持ちが生まれることもあるはずです。

肯定的なコメントをつけるというコメント力が、やがて軽やかな発信力へと育っていくというわけです。

読み手を選ぶテーマで書く

もうひとつ、ネガティブな反応への恐怖心を払拭するおすすめの方法があります。

それは、まずは「肯定的に受けとってくれそうな人」に対象を絞って発信すること――これが、2つめの処方箋です。

といっても、閲覧できる人を限定するなどということではありません。「〇〇ファンのみなさんへ」というように、特定の読者を対象に語りかけるように書いてみるのです。

対象を絞らず、大勢の読者を想定して書くことには、どこでどんな受けとり方をされるかわからないというリスクがあります。

一方で、不特定多数の人には通じないだろうけれども、一部の人には深く共感してもらえそうな少しマニアックなことであれば、おのずと対象となる読者が絞られます。興味のある人が読んでくれるので、肯定的な反応が返ってきやすいのです。

この「快感」を味わうだけで……

ただし、わかる人にはわかるというマニアックな内容だと、読む側にもそれなりのこだわりがあるというのも事実です。「そうそう、そのとおり！」と同調してくれればいいのですが、思い入れが強いあまり、論争が起こらないとも限りません。

そこで3つめの処方箋、これはとてもシンプルです。「ネガティブなコメントはご遠慮くださいね」と先にことわっておくのです。

さて、この3つの処方箋に共通するのは、「受け入れられた」「ほめられた」快感を味わうような経験をしてみるということです。みずから発信することが苦手という人は、まだこの快感を知らずにいるのでしょう。

講義でも、書いてきた文章をクラス全員の前で発表してもらうことがあります。聞く側のルールはただひとつ、「ネガティブな反応はせず、発表後にはスタンディングオベーションをすること」です。

聴衆が全員立ち上がって喝采してくれるなどという経験をしたことがある人は稀でしょう。そのせいなのか、発表を終えると、最初はみんな恥ずかしそうに足早に立ち去ろうとします。

そこですかさず私は学生を引きとめ、「ちょっと待って。この喝采を全身に浴びて、味わってみよう」と言います。すると、だんだん喝采されることの快感がわき上がってくるようで、講義後の感想文には「またみんなの前で発表したい」「拍手をもらうことが癖になりそう」といった言葉が並ぶのです。

いっせいにほめられ、受け入れられるという喜びは、それほど絶大なものということがわかるでしょう。

発信することの快感は、発信することの恐怖をはるかに凌駕するのです。

長文が書けない

思考も書く手も止めない「ドライブスルー式文章術」

みなさんは、何か考えごとをしているときなどに、「あれ？　すごくいいこと思いついた気がするけど、何だったっけ？」となったことはありませんか。

あるひとつのテーマや疑問をきっかけに、瞬時に連想が広がっていく。ときには本筋とは関係のないことにまで考えが波及していく。

人間の思考というのは、一本の直線上を進むというよりも、本筋を離れて寄り道してみたり、そこから枝分かれをしていったりと、同時進行的に進むことが多いです。

ある程度まとまった量の文章を書こうとするときには、この思考のクセを生かすことがポイントです。つまり、「考えたことをすべて同時に書きとめていく」のです。

一から順に書こうとするのではなく、ランダムでもいいから思考しながら書く――

そのためには、小さな自問自答をくり返すことが鍵となります。

一つひとつの問いに対して明確な答えが出せなくてもかまいません。「これはどうだろう、こうかな」「あれはどうだろう、こうかな」と、思いつくまま、自分で自分に問うては暫定的に答えを重ねていくということをくり返す。そして、このときに大事なことは、思考を止めないのと同時に書く手も止めないということです。

名づけて「ドライブスルー式文章術」、一時間なら一時間、とにかく思考も書く手も稼働し続けるのです。

車に乗ってドライブをしているところを想像してみてください。

高速道路を走っていて、ドライブインで休憩をとるとします。ここでいったん車を降りてしまうと、ふたたび走り出すには、車に乗りこんでシートベルトを締め、エンジンをかけてアクセルを踏むという手順を踏まなければいけません。

長距離の移動をしようというときに、ドライブインがあるごとにこの動作をしていては、目的地までたどり着く前に時間切れになってしまうでしょう。

ですから、エネルギー補給するためにしばし停車することはあっても、車からは降りずに車を走らせ続ける。書く手を止めず、頭に浮かぶ言葉をひたすら文字に連ねていきます。

「目的地」は最初に決めなくていい

すると、気づいたときには、けっこうなボリュームの文章になっているはずです。思考がおもむくままに書いているわけですので、ひとかたまりの文章というより、断片の寄せ集めのような文章になっているでしょう。

でも、それでいいのです。ここでの最重要課題は、まずはある程度ボリュームのある文章を書くということだからです。

文章を書くときというのは、必ずしも最初からはっきりとした完成図が見えているわけではありません。ざっくりとした構想（文章の設計図）に沿って書き進め、調整をくり返しながら練り上げていくことのほうが多いのです。

ですから、それなりにまとまった量の文章が書けたら、推敲の作業に入ります。文章を整え、練り上げていく段階です。

筋が通っていないところは筋を通し、説明が足りないところは補足し、無駄なところやテーマから外れるところは削除し、しっくりこない言葉は別の適切な言葉に変える。駆け足で書いてきた文章を読み返して、丁寧に手を入れて仕上げてください。

以前小学生に『ムーミン』のアニメを見せて、ストーリーをどんどん文章にしてもらう授業をしたことがあります。ポイントは手を止めないこと。みなあっという間に原稿用紙5枚ほどに達しました。こうした経験があると、「量の恐怖」を乗り越えられるのです。

手を止めずに書いていくなんて、一見大変なことのように思えるかもしれません。でも、実は「止まらない快感」というのもあるのです。

この快感、みなさんにもぜひ味わってみてほしいと思います。

伝わる文章になっているか不安

好きな人へ「手紙」を書くように書く

前項では、「小さな自問自答をくり返して書く」方法をお話ししました。

自問自答というのは自分自身との対話ですが、この対話の相手を自分以外の誰かに設定してみることも、文章を書くときのひとつのやり方です。

つまり、「特定の誰かに手紙を書くように書いてみる」という方法です。

世界的大ベストセラー『アンネの日記』は、そのタイトルの通り、作者であるアンネ・フランクの個人的な日記としてつづられたものです。

アンネは日記帳自体に「キティー」という女の子の名前をつけ、日記の書き出しはほぼ毎回「親愛なるキティーへ」という文言で始めています。架空の友人を想定し、その相手に語りかけるようにして文章を書いているのです。

日記とは本来、他者に読まれることを目的として書くものではありません。にもかかわらず、『アンネの日記』が文学作品として広く読まれている理由のひとつが、このキティーの存在にあることは間違いないでしょう。

自分の思いを伝えたい相手を具体的に想定して書けばこそ、その内容は深みを増したはずです。結果として、本来は個人的なものであるはずの日記が、世界中で多くの読者の共感や感動を得て読み継がれることになったのです。

事実、文学には古くから「書簡体小説」というジャンルもあります。個人的にやりとりされた手紙（＝書簡）のように小説全体を紡いでいくという手法があるのです。

みなさんも、壁に向かってひとりで話すよりも、誰か目の前にいる相手に向かって話すほうが、話しやすいと感じるのではないでしょうか。

文章を書くときも同じで、誰かに語りかけるように書くと、自分ひとりの世界で書いているときよりもずっと、言葉がスラスラと引き出されることがあるはずです。「相手に伝えたい」という強い思いは、その強さの分だけ文章にも宿るものなのです。

ひとりで「ノリツッコミ」していく

手紙形式で書くということ以外に、「他者の視点からツッコミを入れていく」というやり方もおすすめです。

たとえば、学校の授業や会社のプレゼンなどで発表するための文章を書いているのであれば、その聞き手の視点に立ってみる。人前で発表する予定のない文章であっても、具体的な読み手の顔を想定し、彼らの反応を想像しながら文章を書いていくのです。

「今の言葉は、少しわかりづらかったかもしれませんね。もっと詳しく説明すると……」

「こんな考え方は荒唐無稽だと思われる人もいるかもしれません。たしかに、自分でもちょっと突飛な話だと思います。ですが、それでも私はこう思うのです。なぜなら……」

このように、聞き手や読み手から入るであろうツッコミを、あらかじめ文章の中に組み込んでしまう。すると、ひとりよがりでない、伝わりやすい文章になるでしょう。

文章とは、書く人の思考を文字としてアウトプットするものです。

でも、厄介というべきか人間のおもしろさというべきか、頭の中は人それぞれ違います。

ですから、自分の思考の範囲内だけで文章を完結させてしまうと、書いている本人は伝わっているつもりでも、読み手にはちんぷんかんぷんになってしまう可能性もあるのです。

そこで、自分の思考から少し距離をとるということです。そして、「他者だったら、この内容をどう思うだろうか」と想像してみる。

すると、「ここがわかりづらいな」「ここは矛盾していると感じられるだろうな」といったことがおのずと見えてくるでしょう。そうして引っかかりそうなポイントが見えてきたら、そこを補うような文章を足していけばいいのです。

メールにも時間がかかってしまう

今は、もっとも「書く量」が多い時代

パソコンやスマートフォンなどのツールが発達するにつれ、実は書き言葉によってやりとりをする機会というのは、以前より格段に増しています。

少し前までは電話での通話が当たり前だったような場面の多くが、今やLINEやメッセンジャーなどのメッセージアプリに取って替わられています。

電話よりもさらに時代をさかのぼれば手紙でのやりとりが主流だった時代もあったわけですが、その時代と比較しても、現代の書き言葉によるコミュニケーションは段違いに多くなっているのです。

このような変化は、友人や家族などとのプライベートなやりとりだけでなく、仕事の場においても同様に起こっています。メールを書くのに時間がかかると、それだけ

ほかの業務が圧迫されてしまいます。また、もし下手な書き方をして相手の心象を害したりしてしまったら、大きな失敗にもつながりかねません。

ですから、ビジネスメールなどにおいて、書き言葉できちんと自分の意思を相手に伝えられるというのは、今や仕事上、必要不可欠ともいえる能力なのです。

とはいえ、社会人になりたての人や、これまであまりビジネスメールを書く機会がなかったという人、そもそもが仕事でのメールのやりとりに苦手意識をもっているなどという人にとっては、一通一通の文面を仕上げることが多大な労力だと感じられてしまうこともあるでしょう。

そこで、お伝えしたいアドバイスが2つあります。

「うまい定型文」を集める

ひとつめのアドバイスは、「使えそうな表現のストックをつくっておく」ことです。

たとえば、仕事相手から届いたメールにあった、素敵な時節の挨拶文や締めくくりの言葉。伝えにくいことを切り出す際の絶妙な言い回し。仕事上のやりとりをなごませる、ちょっと砕けた柔らかい表現などなど。

広く使われる定型文のようなものでも、その人独自の語り口でも、読んだときにこれはと思う表現があったらストックし、必要に応じて使っていけばいいのです。

ここで「人が書いた文章を拝借するなんて」と抵抗を感じる必要などありません。なぜなら、みんな誰かの文章の「コピペ」をしているものだからです。

そもそも言葉は自分が生み出したものではありませんし、言葉を連ねて文章をつくるというのも、自分が始めたことではありません。つまり、私たちが普段書いている文章というのは、多かれ少なかれ、誰かの「コピペ」から始まっているわけです。借用の歴史が言葉の歴史、文章の歴史といっていいでしょう。

みなさんが誰かの表現をいくら拝借しようと、その伝統を受け継いでいるということにすぎない。そう考えると、軽やかな気持ちで文章を書けるような気がしないでしょうか。

もちろん、他人が書いた論文や小説の一節を、あたかも自分の文章であるかのように書くのは盗用にあたりますが、メールに使われていた定型文を使わせてもらうくらいならば、まったく問題はないのです。

ただし、ここでひとつ、ご注意を。

「この書き方、いいな」とストックしておいた文章を、送ってくれた本人とのやりとりの中で使ってしまうと、言わずもがな、お互いに気まずさを覚えてしまいます。くれぐれも、この点だけは気をつけてください。

結論をしっかり書く

ビジネスメールの書き方、2つめのアドバイスは、「結論をしっかり書こう」ということです。

ブログやSNSで発信する文章とビジネスメールとの大きな違いは、「目的の有無」にあるといえるでしょう。ビジネスメールの場合は、「何か用件を伝える」「イエスかノーかを伝える」といった建設的な目的が必ず存在しているのです。

相手に伝えたいことは何なのか、このメールを送る目的は何なのか。

明確に結論を書けば、読み手はメールの意図をすんなりと理解できますし、返信が必要な場合でも、その内容に困ることはありません。イエスかノーかの判断が必要な場合にしても、そのどちらなのかを最初に読みとることができるので、すぐに次の動きをとることができます。

逆に結論がわかりづらいメールでは、相手は、そのまま話を進めていいのか、それとも再検討したほうがいいのか、あるいは保留にしたほうがいいのかなど、すぐに判断がつきません。結果として、相手の時間と労力を奪ってしまうことになるのです。

届いたメールにはできるだけスピーディーに対応するということも含め、明確に結論が伝わるような内容にすることは、仕事相手に対する礼儀でもあるといえるでしょう。

孔子も「辞は達するのみ」（文章は意味が伝わるのが大事）と言っています。

もちろん、ビジネスとはいえ人と人とのコミュニケーションですから、相手との関係性によっては多少の無駄話や脱線があっても楽しいものです。

ただし、無駄はあくまで余興と心得て、メールを送る「目的」を見失わないようにしてください。

第4章

「読む」ことで「書ける人」に生まれ変わる

書く力で人生は変わる

「読む力」が「書く力」の土台

「書き言葉のプロ」の魅力的な表現に触れる

書くことを身につけることで得られる最大のものとは何でしょうか。

それは、「認識力が磨かれること」だと私は考えています。


書くという行為は、自分の内側をランタンで照らしていくような作業であると先に書きました。自分の中にあるモヤモヤとはっきりしない思考や感情に対して、一つひとつ的確に表現できる言葉を探し出し、文章として刻みつけていく。

このように「言葉を探す」「文章を連ねる」という作業を丁寧にくり返すことで、身のまわりにある曖昧模糊とした物事を深く鋭くとらえられるようになります。

この「物事を深くとらえる力」こそが認識力であり、書くことが与えてくれる最大の恩恵なのです。

さて、このように書くと、次のような声が聞こえてきそうです。

「でも、そもそも一定の認識力がなければ、書くこともままならないのではないですか？」

この指摘は、実に的を射ています。

書くことで認識力が高まるというのは、たしかなことなのですが、その反対に、認識力が磨かれることで書く力も伸びるというのも疑いようのない事実なのです。

つまり、「書く力をつける」ことと「認識力を高める」ことは鶏が先か卵が先かといった話です。双方が相乗効果を生む関係にあるといっていいでしょう。

では、書く力の土台となる認識力は、どのように培ったらいいのでしょうか。

書くことにおける認識力を支えるもの、それこそが「読む力」なのです。

読書をすることで認識力が培われ、それをもって書くことでさらに認識力が高まり、さらに相乗効果で書く力も高まっていきます。

もちろん、リズムのいい文章が書けるようになったり、説得力のある文章が書けるようになったりするなど、「読める人」になることは「書ける人」になることに直結していているといっていいでしょう。

この素晴らしい循環をどのようにつくり出していくのか。

本章では、読書をすることで書く力を磨く方法をお話ししていきます。

観察力を鍛えると、表現力が上がる

『東京オリンピック　文学者の見た世紀の祭典』（講談社文芸文庫）という本があります。この本は、１９６４年に開催された東京オリンピックについて、当時の錚々たる作家たちが書いたルポルタージュを集めたオムニバス形式の一冊です。

東京オリンピック　文学者の見た世紀の祭典
講談社 編
講談社文芸文庫

優れた認識力とはどんなものであるか——百聞は一見に如かずの言葉にならって、まずはこの本に収録されている三島由紀夫の文章を紹介しましょう。

たとえば、飛び板飛び込み競技について、三島は「人体が地球の引力に抗して見せるあの複雑な美技」「自然（引力）へのもっとも皮肉な反抗」と評しています。

また、水泳競技については、こう書いています。「単純まっすぐな人間意志の推力を、美しくさわやかに見せるだけだから、その印象はひたすら直截」であり、「青いプールを縦に切るあの白いロープのように、一行の激しい白い叙情詩だ」。

ほかにも引用したい箇所がたくさんあるのですが、これくらいにしておきましょう。

飛び込みの選手が、体をまっすぐに保とうとしながら落下していく様を「引力への反抗」、水泳選手がプールのコースをひたすらまっすぐに泳いでいく様を「一行の激しい白い叙情詩」と表現する。

思わずうなってしまうほど鮮烈な表現ではないでしょうか。

ここでぜひ感じとってほしいのは、オリンピックという誰もが目にすることができる祭典でも、見る人が見れば、一般人ではとうてい思いつかないような言葉で表現されることのすごみです。

認識力とは、たとえるなら、刀のようなものだといえるでしょう。鍛え上げられた刀ならば何でもスパッと切れるように、優れた認識力をもってすれば、どのような事象もハッとするような言葉で表現することができるのです。

優れた表現に触れることは、認識力という自分の刀を鍛えてくれる「槌《つち》」のようなものなのです。ハッとする表現に触れるたび、私たちの認識力はトンカン、トンカンと叩かれ、少しずつ確実に鋭い刀へと鍛え上げられていきます。

こうしてみずからの認識力を高めていくことで、誰もが見知っているものを、独自の言葉で表現することができるようになるのです。

読んだ言葉を「自分のものにする」読書法

一冊ごとに引用できる一文を発見する

ハッとするような見事な表現に出会ったら、その表現をしっかりと「自分のものにする」というのも、書く力をつけるためには重要なことです。

人の記憶というのは案外たよりないものです。本を読んで、いくら「おもしろかった」「感動した」などと思っても、しばらくしてから思い返してみると、何が心に響いたのかすっかり忘れてしまう……たしかに感動したはずなのに、記憶に残っているのは「おもしろかったという印象だけ」というのは、何とももったいないことです。

一方で、心を動かされた言葉や文章などを具体的にひとつでも覚えていれば、自分で書く文章の中に引用として生かす機会がやってくるかもしれません。さらには、その作品についてある程度まとまった文章を書いてみることだってできるでしょう。

つまり、本を次から次へと読み流してしまうというのは、書くための材料をみすみす逃してしまうようなものなのです。

そこでおすすめしたいのは、「一冊につき三箇所は、引用できる文章を見つけるつもりで読む」という読書法です。好きな作家の作品を読んだり、興味のあるテーマの本を読んだりする普段の読書の中で、少なくとも三箇所は人に語ることができるような何かを探すことを意識してみてください。

これは私自身も長年、実践しているやり方で、こうした目をもって読書をすると、まるで宝探しでもするように本を読む楽しみも増すのです。

「この目」をもてば、読書効率が上がる

引用できるところを見つけるつもりで読書をする。これは言い換えれば、「アウトプットを意識してインプットをする」ということです。

普段の読書では、読書感想文を書くなどの場合を除けば、必ずしもアウトプットの場が用意されているわけではないでしょう。

でも、もし論文を書くなど、明確なアウトプットの目的があって、そのための準備として読書をする場合には、本の読み方にもそれなりのコツがあります。

私は以前、「文学作品における呼吸」というテーマで文章を書いたことがあります。呼吸というものが文学の中でどのような役割を果たしているかについて論じたわけです。

この研究では、文学全般が調査の対象になります。ですから、執筆にあたっては古今東西、膨大な数の文学作品に目を通しました。

さぞ時間がかかっただろうと思うかもしれません。でも、当時、一冊あたりにかかった時間は、せいぜい10分程度だったと思います。

「呼吸」というテーマは最初から決めてあったわけですから、その目をもって作品を読んでいると、「呼吸」はもちろん、「息」「息づかい」「ため息」などキーワードにまつわる記述が目に飛び込んできたからです。それはまるで、向こうから「私にお手伝いさせてください」「私を引用してください」と言ってくれているかのようでした。

つまり、「何を求めているのか」がはっきりしていると、インプットの効率を上げることができるということです。

不思議なもので、私たちの目というのは、何かほしいものや気になることがあると、それを自動的に探すようにできています。

たとえば街中でセブン‐イレブンを探しているときは「赤と緑と白の看板」をキャッチしようとしますし、探す対象がローソンになれば「青と白の看板」をキャッチするでしょう。

本を読むときも同じで、もしテーマが決まっているのであれば、そのテーマに意識を集中させてインプットしていくといいのです。

そうすれば、テーマとは関係なさそうなところは自動的にスキップすることができ、時間も労力も無駄になりません。そして、ピッとアンテナが立った箇所をじっくりと読めば、アウトプットの材料が十分に得られることでしょう。

ちなみに、アウトプットを意識したインプットを効果的に行うには、読書の相棒として「三色ボールペン」を使うのがおすすめです。

「すごく大事」なところは赤ペン、「まあまあ重要」と思ったところは青ペン、そして、個人的に「おもしろいな」と思ったところは緑ペンで傍線を引きます。そして、後で参照しやすいように、線を引いたページには付箋を貼ったり、ページの端を折ったりしておくのです。

私自身も、アウトプットを前提として読書をするときには、長年このやり方を実践しています。ちょっとしたことなのですが、このひと手間をかけるかどうかが、本や資料の中身を「使えるもの」にできるかどうかの分かれ道になるのです。

認識力を磨く「本の選び方」

「世界を見る目」を手に入れる近道

優れた表現に触れ、それらの表現を自分のものにしていくためには、やはり読書をすることが欠かせません。広く読書をすれば、それだけ名文と出会える機会も多くなりますから、遠回りなようでいて、実は認識力を磨くための一番の近道ともいえるのです。

もし、どんな本を読むか迷ったら、国内外問わず、著名な作家の本がいいでしょう。

古今東西、古典や名著と言われる作品には、実際、名文がたくさんあります。時代を超えて読み継がれてきたものには、やはり私たちの心に響く普遍的な魅力があるのだと、きっと実感するはずです。

そして、作家の表現を自分のものにするという観点でいえば、著名な作家の表現ならば、引用しやすいということも挙げられます。誰に対しても通りがいいからです。たとえば「夏目漱石は『私の個人主義』のなかでこう言っている」と書けば、読んでいる人は、「へえ、あの漱石がそう言っているのか」と、すんなり受け止めるはずです。

ここで「漱石とは誰か」といった解説を入れる必要はありません。「漱石」という名前自体が、普遍性のあるアイコンとなっているのです。

こうした共通認識が確立されている要素を織り交ぜていくことは、読者をうまく引きこんでいくための書き方のコツともいえるでしょう。

私の個人主義
夏目漱石
講談社学術文庫

古典と言われるような作品は、幸いなことに、たいてい文庫化されています。名文集めのためにたくさん買ったとしても、お財布はそれほど痛まないのも嬉しいところです。

名著へもう一歩踏みこむ

世界には素晴らしい文学作品が無尽蔵にありますから、名文には事欠きません。またその反面、よく名の知られている作家の作品には、誰もが知る名文が多いことも事実です。実際には作品を読んでいなくても、その作品の中でもっとも有名な一文だけは知っている、ということもあるのです。

たとえば、サン＝テグジュペリの作品なら、おそらく100人中80人は『星の王子さま』を思い浮かべるでしょう。そして、「いちばんたいせつなことは、目に見えない」という一文を記憶しているのではないでしょうか。

もちろん、これが名文であることは間違いがないのですが、多くの人が知ってしまっているという意味では、もうひと工夫してみたいところです。

そこで、同じサン＝テグジュペリの作品でも、もう一歩踏み込んで、『人間の土地』や『夜間飛行』を読んでみる。

あのともしびの一つ一つは、見わたす限り一面の闇《やみ》の大海原の中にも、なお人間の心という奇蹟《きせき》が存在することを示していた。

これは『人間の土地』に出てくる一節です。有名といえば有名なのですが、『星の王子さま』の「いちばんたいせつなことは、目に見えない」という文言ほどには知られていません。

飛行機乗りだったサン＝テグジュペリは、夜の航行中、眼下の闇の中に見える灯りの一つひとつに「人間の心という奇蹟」の存在の証を見出したのです。

人間の土地
サン＝テグジュペリ
堀口大學 訳／新潮文庫

みなさんも、出張や旅行で飛行機に乗っていて、ふと窓から地上を眺めたら、たくさんの小さな明かりが灯っているのを見て、きれいだなと思ったことがあると思います。

もっといえば、夜、明かりが灯るビル群や住宅街だって、「ともしびの一つ一つ」が

「人間の心という奇蹟が存在することを示している」と見ることもできます。

夜の航空便の着陸間近に、あるいは残業を終えた帰り道に、闇夜に浮かぶ無数の明かりを見て、ふとサン＝テグジュペリのこんな一節を思い出した——などという具合にまとめれば、これだけでも立派なショートエッセイが書けそうです。

このように、文章を書くときに「誰もが知る有名作家の、それほど知られていない名文」を引用すると、それを読む読者も新鮮な感動を覚えるはずです。

ドラッカーに学ぶ定義力と要約力

私は、文学作品だけでなく、日々さまざまなジャンルの本を手にとりますが、認識力を磨くための読書という観点でいえば、たとえばピーター・F・ドラッカーという経営学者の本などはおすすめです。

『もし高校野球の女子マネージャーがドラッカーの「マネジメント」を読んだら』（岩崎夏海著、ダイヤモンド社）というベストセラー本がありますが、そのもとネタとなった『マネジメント』を書いているのが、このドラッカーという人物です。

ドラッカーの本のよさをひと言でいえば、それは「定義がしっかりと書かれている」ということでしょう。

代表作『マネジメント』にしても『経営者の条件』にしても、ドラッカーは、「顧客とは何か」「エグゼクティブとは何か」「会議とは何か」などと、重要な概念を逐一、定義しながら経営学について語っていきます。

たとえば、「ゲリラ戦では、一人ひとりがエグゼクティブだ」といった主旨の文はわかりやすい。ですから、内容はかなり専門的であるにもかかわらず、「こんなにわかっていいのだろうか」と思わず面食らってしまうくらい、素人にも理解しやすく書かれているのです。

マネジメント[エッセンシャル版]
- 基本と原則
ピーター・F・ドラッカー
上田惇生 訳／ダイヤモンド社

そして、もうひとつ、ドラッカーをおすすめしたい理由は、きちんと言葉を定義した上で、その定義にまつわるエピソードが過不足なく盛りこまれているところです。

たとえば「会議とは何か」と定義したところでは、「会議をこんなふうに改善し、効率化したケースがある」という実際のエピソードが入っている。それも無駄なく、重要なところが際立つよう、非常にうまく要約して書かれているのです。

頭のいい人というのは、要約力も優れているものです。ドラッカーの本を読むと、改めてそう感じます。ドラッカーの定義の仕方やエピソードの扱い方に触れると、「物事をわかりやすく人に伝えるとはどういうことか」ということがわかるでしょう。

前に「具体と抽象を行き来しながら書く」という書き方についてお話ししましたが、まさにこのドラッカーの文章というのは、その最高のお手本といえます。

みなさんも、認識力を磨くために、さまざまなジャンルの本を手にとってみてほしいと思います。

音読で
名調子を身につける

いい文章は、声に出しても心地よい

いい文章とは、おしなべて「リズム」がいいものです。読んでいると、まるで音楽を聴いているかのように内容がスラスラと頭に入ってくるのです。

リズムのいい文章を書けるようになるためには、やはり先人たちの残したリズムのいい文章に多く触れていく必要があります。それも、ただ目で追って読むのではなく、声に出して読む「音読」をやってみてほしいと思います。

作家、ドイツ文学者の古井由吉《よしきち》さんと対談させていただいたとき、音読について、とても興味深いお話を伺ったことがあります。

古井さんは、どうも執筆がうまくいかない、調子が上がらないというときに、「音痴になっている」と思うそうなのです。音痴とは、普通は歌がうまく歌えない状態のことをいいますが、古井さんは文章がうまく書けないときに、こう感じるといいます。そして、自分が音痴になっていると感じたら、夏目漱石の小説を声に出して読むそうです。すると、てき面に回復し、また執筆がはかどるようになるとお話しされていました。

文章的な音痴は、優れた文章を音読することでチューニングする。このお話には、私自身、深く感銘を受けたことを覚えています。

もうひとつ、歌謡曲におけるリズムについても、おもしろい話を聞いたことがあります。

カラオケで他人の歌を聞いたときに「下手だなあ」と思うのは、音程がはずれているときよりも、実はリズムがおかしなときだそうなのです。たとえ音程がきちんととれていても、拍子をとれていなかったり、息継ぎのタイミングがずれていたりすると、何の歌を歌っているのかわからないことさえあるそうです。

友達とカラオケに行ったときのことなど思い返してみると、たしかにそうだと思いあたるかもしれません。

「言葉＋メロディー＋リズム」で構成される歌と違って、文章にはメロディーという要素がありません。メロディーのある歌でさえ、リズムがおかしければ歌に聞こえないなら、文章におけるリズムはより重要度が高いともいえるでしょう。

文章を心地よく読めるかどうか、内容がしっかりと頭に入ってくるかどうかを大きく左右するのは、言葉の並びによって生まれるリズムなのです。

書き手と深くつながろう

私は長年、本を声に出して読む「音読」をおすすめしています。

声に出して読むと、その文章を読んだ自分の声が耳に入ります。すると、書き手の文章のリズムが聴覚を通して伝わってきます。

こうして頭の中だけではなく身体感覚としてリズムを体感するということが大切で、文章における音楽センスのようなものを感覚的に身につけることができます。

さらには、書き手と深くつながっているような感覚が生まれてくるというのも、音読をすることの大きな効果といえるでしょう。

「文は人なり」という言葉の通り、文章には書き手のすべてが表れます。声に出して読むと、その作者自身があたかも、時空を超えて目の前に立ち現れるかのように感じるのです。

たとえば、夏目漱石の『私の個人主義』の一節を音読するとしましょう。

その文章は今の時代を生きる私たちの目の前にあるものですが、実際には100年以上も前に書かれています。大正3年の漱石の言葉を、令和の自分がそのままなぞっている。こう考えるだけでも、すごいことだと思いませんか。文豪・漱石が、その当時に考え、感じ、発した言葉を、漱石になりかわって読んでいるわけです。

少し大げさな言い方かもしれませんが、これは漱石の魂を現代に蘇らせるようなものなのです。書籍というかたちに「凍結」された先人の肉声を、後世に生きる自分が「解凍」しているといってもいいでしょう。

大作家の言葉が自分のものになる

一度でもリズムのいい文章を音読してみれば実感できると思いますが、声に出して読むことには独特の快感があります。それは、名だたる先人たちが記した文章が、自分の体の中を通って体外へとアウトプットされるという感覚です。

いったん自分の体を通すことで、名文が深く感覚に定着するのです。

このように身体感覚を通して文章が染みこむと、その先人の言葉が次第に自分の心の声と重なってくる感覚を覚えることがあります。まさに言葉が血肉化されている状態です。

すると、この先人の言葉をフックにして、文章を書いてみたいという気持ちがわいてくることもあるでしょう。

夏目漱石『私の個人主義』の「錐」という言葉をフックとして文章を書く――「人生で本当にやるべきことをなしたいのに、それが何なのかすらわからず、もどかしさに身悶える」という、現代の私たちにも相通ずるテーマについて自分なりの文章を書き、考察してみるといったことです。

漱石の文章を血肉化した上で論じれば、まるで漱石が傍らに立って味方してくれているような心持ちになる。文章を書くという行為が孤独な戦いではなくなります。

たとえ同じテーマで書く場合でも、この強力な「味方」がついているかどうかで、生み出す文章には大きな違いが出てくることでしょう。

文章を音読し、自分の体を通すことで、その文章を書いた人物をなんとなく身近に感じ、勇気づけられる。すると、百人力の気持ちで書き進められるというのもまた、音読をすることの優れた効果なのです。

マンガの「セリフ」を引用する

みなさんは、マンガを読むことは好きですか。

もしも夏目漱石やサン＝テグジュペリなど古典の本だとハードルが高いと思うのなら、まずは好きなマンガのセリフを音読してみるというのもおすすめです。

マンガは主に絵とセリフで構成されています。マンガ家たちは、絵はもちろんのこと、セリフの一言一句に精魂込めることで、登場人物に生命を吹きこんでいます。作家が身を削るようにして生み出すセリフは、事実、名言の宝庫なのです。

何を隠そう私自身（これまで挙げてきた例からすでにおわかりかと思いますが）、マンガで育ったといってもいいくらい、幼い頃からマンガ大好き人間です。

古くは『巨人の星』『あしたのジョー』の数々の名場面のセリフは今もソラで言えますし、大人になってから読んだものでも『SLAM DUNK』から『鬼滅の刃』『呪術廻戦』まで、思わず涙してしまったり、「かっこいい！」としびれたり、大好きなセリフがたくさんあります。

先日見に行った『鬼滅の刃』吾峠呼世晴原画展では、たくさんのセリフが体中に突き刺さってくる強烈な印象を受けました。

何か悩んだり、落ちこんだりしているときに、呪文のようにマンガのセリフを口にすると、登場人物がこちらに乗り移ってくるように元気になることもあります。

もちろん、マンガだけでなく、アニメのセリフでも「音読」することは可能です。声優さんのセリフを追いかけるように声に出してみれば、その文言がしっかりと記憶に刻まれるでしょう。

さて、先ほど漱石の言葉をもとに文章を書いてみるというアイデアをお伝えしましたが、この手法と同様に、好きなマンガをテーマに据えて自分なりの文章を書いてみることも可能でしょう。

たとえば、大好きなマンガの「私が考える名言ベスト3」をまとめ、なぜそれが名言だと思うのかという理由を書いてみるだけでも十分おもしろい文章になりそうですし、それを「主人公編」「脇役編」などと分けてシリーズ化するのも一案です。

何より、日本のアニメやマンガは世界中で人気ですから、ＳＮＳなどでその文章を公開すれば、世界中の人たちに届くことになるかもしれません。

読む力を書く力に変換する

「起・承・転・結」の練習「コボちゃん作文」

文章を書くことに苦手意識を感じている人の多くは、書く内容を一から生み出していかなければいけないという点にもっとも難しさを感じているのではないでしょうか。

でも、これまで紹介してきたように、「読んだものを起点として書く」というのも、立派な文章の書き方なのです。

漱石の言葉をもとにエッセイを書いてみる。マンガのセリフを集めて紹介文を書いてみる。いわば「他人のふんどしで相撲をとる法」ですが、土台となる作品があれば、その作品の魅力はそのまま、文章を書く力となって私たちを後押ししてくれます。書くことのハードルが下がると同時に、作品の力さえも味方につけることができるのです。

ここではもうひとつ、作品の力を借りて「読んだものを書くことに生かす」やり方をお伝えしましょう。「コボちゃん作文」という方法です。これは私のオリジナルではなく、工藤順一さんが『国語のできる子どもを育てる』（講談社現代新書）という著書の中で紹介している文章の練習法です。

みなさんは、植田まさしさんの4コママンガ『コボちゃん』（蒼鷹社・芳文社）をご存じでしょうか。

国語のできる子どもを育てる
工藤順一／講談社現代新書

『コボちゃん』は、一九八二年に読売新聞朝刊で連載が始まり、現在も継続中という超ロングランの作品で、主人公である男の子「コボちゃん」や、その家族を取り巻くほのぼのとした日常が描かれます。

「コボちゃん作文」というのは、このマンガ作品のストーリーを一話あたり二百字にまとめるという方法で、いわばマンガを文章に変換するような書くことの練習法です。工藤さんいわく、4コママンガは「起承転結」がはっきりしており、なかでも『コボちゃん』はその構成がわかりやすいので、4コマで起こっていることを文章に置き換えることが、そのまま文章構築の練習になるというわけです。

私は以前、小学生向けの文章講座で、この「コボちゃん作文」を取り入れてみたことがありますが、その効果は予想以上でした。一話ごとに文章にするという課題をくり返していた子どもたちは、回を重ねるごとに、文章がどんどん上手になっていったのです。

4コママンガには、最後にオチがあります。絵がないと伝わりづらいようなオチも、説明の仕方を工夫したり、文章の間を上手にとったり、子どもたちはちゃんと笑えるように文章で表現できていて、非常に感心したことを覚えています。

この「コボちゃん作文」は、子どもだけでなく、大人にもおすすめの方法です。

実際、私は、大学生にも「コボちゃん作文」の課題をやってもらったことがあります。相手は大学生なので、課題にもアレンジを加えました。同じ『コボちゃん』を作文にするのでも、「英作文にする」という条件にしたのです。

するど、「最初は難しく思えたけれど、話の起承転結がはっきりしているから文章にしやすかった。自分でもなかなかいい出来のように思えます」というのが大方の感想だったのです。たしかに、よく書けているものが大半でした。

「読む」を「書く」に変換すると批評になる

『コボちゃん』という作品の力を借りて文章を書くと、作品の素晴らしさの分だけ、いい文章が書けるということです。

さて、ここから、実際の「コボちゃん作文」を紹介しましょう。

これは、私が以前「世界一受けたい授業」というテレビ番組で「コボちゃん作文」を紹介したときに選択したエピソードです。「コボちゃん作文」を番組で取り上げてほしいと出演を依頼してきたプロデューサーが、「一番好きなお話なのでぜひ」と提案してくれたのです。

ある日、街中で風船をもらったコボちゃん。ところが次の瞬間、すぐ近くにいた女の子が転んでしまい、女の子はその手に持っていた風船を放してしまいます。ぐんぐん空へと上っていく風船を見て、女の子は泣き出してしまいました。

そこでコボちゃん、はたしてどうしたかというと……？

なんと、風船を持っていた自分の手をパッと開いたのです。

女の子の風船を追いかけるように、コボちゃんの風船もぐんぐん空に上っていきます。

コボちゃんと女の子は、それを一緒に眺めるのでした。もう女の子は泣いていません。

いかがでしょう。思わず誰かと感想を語り合いたくなるような、素敵なお話だと思いませんか。

このお話に感動したら、たとえば、次のような文章を書いてみてもいいでしょう。

これも、私が「世界一受けたい授業」でお話ししたものです。

コボちゃんは優しい男の子です。

目の前で女の子が風船をなくして泣いている。そんなとき、優しい男の子ならどうするかと考えてみると、きっと多くの人は「自分の風船をあげる」と想像するでしょう。

しかしコボちゃんの優しさは、それとは別のかたちで表れたのです。

4コママンガには必ずオチがあります。ここでは「A」かと想像させておいて「B」を提示するという手法で、オチが作られています。

自分の風船を女の子にあげるのではなく、自分も風船を手放した。コボちゃんは、何を思ってそうしたのでしょう。

女の子に「ほら、これで僕も一緒だよ」と示すためでしょうか。

それもあると思いますが、ここには、コボちゃんのもうひとつの深い優しさが見られます。

女の子の手を離れた風船は、たった「ひとり」で大きな大きな空へと上っていきます。

コボちゃんは、それを「さみしそうだな」と思い、ひとりぼっちの風船に仲間をつくってあげたくなった。だから、風船から手を離したのです。「ほら、あの風船はもうひとりじゃないよ。さみしくないよ。2人仲よく、お空に上っていくね」――これが最後の1コマに込められた真意でしょう。

なかなか普通では思いつかないような方法で、かわいそうな女の子を元気づけたコボちゃん。『コボちゃん』は最後にクスリと笑ってしまうエピソードが多いのですが、このエピソードは、優しさはひとつではないんだということを教えてくれています。

ここで行っていることは、コボちゃんのエピソードの「紹介」と「解説」です。4コマのあらすじを文章でまとめ、何が自分の心に引っかかったのかという「おもしろさのポイント」を述べて締めくくる。

これは一種の「批評」であり、「コボちゃん作文＋ポイント説明」という構成で文章を書くと、実は文芸批評が成立するというわけです。

「コボちゃん作文」も、この「批評文」も、『コボちゃん』という創作物をもとにした文章です。つまり、「読んだこと」を「書くこと」に変換しているわけです。

文芸作品という作品の「言外」に表れているものを自分なりに言語化するというのも、ひとつの立派な文章表現になるといえるでしょう。

　これからは、音声入力ソフトの精度も上がっていきます。ある程度正確に話す力があれば、話す言葉がどんどん文になっていきます。その入力を支えるのは、「書くように話す力」です。

　話すように書き、書くように話す。「話す」と「書く」に橋をかけることで、文章力がアップします。

　今は誰もが気軽に短文でのアウトプットをする時代です。その反面で、「ちゃんと書く」機会が減っている時代であるともいえます。まとまった量の文章を書けるようになれば、本当の自分に出会い、新たな世界を見ることができる。本書がみなさんにとって、新たな世界の扉を開く一助となればと願ってやみません。

著者略歴

齋藤 孝（さいとう・たかし）

1960年静岡県生まれ。東京大学法学部卒業後、同大大学院教育学研究科博士課程等を経て、明治大学文学部教授。専門は教育学、身体論、コミュニケーション論。ベストセラー作家、文化人として多くのメディアに登場。著書多数。小社刊『大人の語彙力ノート』シリーズは累計40万部、『読書する人だけがたどり着ける場所』は20万部を突破するベストセラーに。著書発行部数は1000万部を超える。NHK Eテレ「にほんごであそぼ」総合指導。

SB新書　568

書《か》ける人《ひと》だけが手《て》にするもの

2022年 1月15日　初版第1刷発行

著　　者　齋藤《さいとう》 孝《たかし》

発 行 者　小川 淳

発 行 所　SBクリエイティブ株式会社
〒106-0032　東京都港区六本木2-4-5
電話：03-5549-1201（営業部）

装　　幀　杉山健太郎

装　　画　羽賀翔一／コルク

本文デザイン　荒井雅美（トモエキコウ）

D　T　P　アーティザンカンパニー株式会社

取材･構成　福島結実子

編集協力　大崎奈津子

編　　集　小倉 碧（SBクリエイティブ）

印刷･製本　大日本印刷株式会社

JASRAC 出 2109069-101

本書をお読みになったご意見・ご感想を下記URL、
または左記QRコードよりお寄せください。

https://isbn2.sbcr.jp/11880/

落丁本、乱丁本は小社営業部にてお取り替えいたします。定価はカバーに記載されております。本書の内容に関するご質問等は、小社学芸書籍編集部まで必ず書面にてご連絡いただきますようお願いいたします。

ISBN 978-4-8156-1188-0

「節税」の超・裏ワザ
根本和彦

戦後民主主義に僕から一票
内田 樹

発達障害という才能
岩波 明

［新版］老人の取扱説明書
平松 類

井上芳雄のミュージカル案内
井上芳雄

子どもの発達障害
本田秀夫

眼科医だけが知っている
一生視力を失わない50の習慣
平松 類

危ない読書
佐藤 優

観察力の鍛え方
佐渡島庸平

新説戦乱の日本史
倉本一宏／亀田俊和
川戸貴史／千田嘉博
長南政義／手嶋泰伸

SB新書

本だけが私たちに与えてくれるもの
読書する人だけがたどり着ける場所
齋藤 孝

池上彰が本気で問う。学び続ける理由
なんのために学ぶのか
池上 彰

現代の「知の巨人」が教える学びの価値
人間にとって教養とはなにか
橋爪大三郎

その常識が子どもをダメにする！
スタンフォードが中高生に教えていること
星 友啓

時代を作る人は何をしていたのか？
僕たちは14歳までに何を学んだか
藤原和博